KB047188

저녁 식탁에서
지구를 생각하다

저녁 식탁에서
지구를 생각하다

건강하고·공평하고·지속가능하고·정의롭게 먹는다는 것

제시카 판조 지음 | 김희주 옮김

사람in

처음 영양학의 길로 들어설 무렵에는 오늘 같은 날이 올
줄 꿈도 꾸지 못했다. 실험용 쥐처럼 온종일 실험실에 갇
혀 살았다. 학부를 마치고 석사, 박사 학위를 받는 내내
영양학을 연구했지만 모두 분자 수준의 연구였다. 실험
실 작업대에서 스포이트로 정확하게 계량한 용액을 시험
관에 담고 유전자와 영양소의 상호작용을 조사하며 많은
세월을 보냈다. 상아탑에 갇힌 채 영양생화학의 비밀스
럽고 미세한 문제만 파고드느라 바깥세상에서 무슨 일이
벌어지는지 도통 몰랐다.

　　하지만 분자영양학으로 박사 학위를 받고 박사 후
연구원으로 면역학을 공부한 다음부터는 더 직접적인 결

과가 나오는 대상인 사람에 집중하고 싶다는 생각이 들었다. 그래서 잠시 '실험실'을 벗어나 도리스듀크자선재단(Doris Duke Charitable Foundation)에서 세계공중보건 문제를 연구했다. 당시 재단에서 의학연구를 책임진 일레인 갤린(Elaine Gallin) 박사가 품어준 덕분에 세계보건, 특히 HIV/AIDS, 결핵, 말라리아와 관련해 최첨단 연구를 진행하는 많은 전문가를 알게 되었다. 그때 처음으로 아프리카대륙에 가서 인체면역결핍바이러스가 남아프리카공화국과 우간다를 휩쓴 처참한 상황을 직접 목격했다. 그리고 나는 실험실 가운을 완전히 벗어 던졌다.

몇 년간 도리스듀크자선재단에 몸담은 뒤, 경제발전과 빈곤 연구로 세계적인 명성을 쌓은 제프리 삭스(Jeffrey Sachs) 교수를 만나 컬럼비아대학교 지구연구소(Earth Institute)에서 많은 연구원과 협업했다. 그리고 마침내 동료와 함께 케냐로 배치되어 새천년개발목표(Millennium Development Goals, 2000년 9월 유엔에서 채택해 2015년까지 국제사회가 힘을 모아 달성하기로 한 여덟 개의 범지구적 목표―옮긴이) 센터에 근무하며 아프리카 동부와 남부 지역의 영양 고문으로 활동했다. 아프리카 여러 나라의 정부와 협력해 영양 정책을 세우고, 시골에서 영양 프로그램도 시행했다. 그러

면서 지속가능한 개발과 영양의 조화를 이루는 방법이
나 농업, 경제, 물, 환경, 성 역학관계, 보건 등 다른 여러
분야와 영양을 연결할 수 있는 지점과 방법 등에 대해서
더 폭넓게 생각할 수 있게 되었다. 다행히 그런 분야에
서 활동하던 박식하고 헌신적인 전문가들을 만나 국제개
발사업에 다양한 지식을 활용할 방안을 함께 고민했다.
세계식량상(World Food Prize)을 수상한 페드로 산체스(Pedro
Sanchez) 덕분에 농업계를 보는 눈이 뜨이고, 셰릴 팜(Cheryl
Palm)과 글렌 데닝(Glenn Denning)의 가르침 덕분에 환경과
생태계가 식량안보, 더 나아가 국가안보에 얼마나 중요
한지 깨달았다. 연구와 정책, 실행이 한데 모이는 접점에
서 일하며 영양이 인간의 건강과 생계유지, 행복에 미치
는 영향과 효과가 더 폭넓게 보이기 시작했다.

    10여 년간 아프리카에 집중한 뒤 동티모르와 네팔,
미얀마 등 아시아 지역을 연구했다. 예전에 파묻혀 있던
무균 실험실을 벗어나 '현지에 발을 디딘' 현장연구를 내
가 얼마나 좋아하는지 절실히 깨달은 때가 바로 이 무렵
이다. 내가 이제껏 배운 지식은 대부분 농부와 한 집안의
어머니와 아버지, 아이들, 그리고 국제 연구과제에 참여
해 지칠 줄 모르고 헌신한 학생과 박사 후 연구원들과 이

야기를 나누며 체득한 것이다. 그 모든 분께 겸허한 마음으로 감사하다는 인사를 전한다.

아프리카와 아시아의 특정 지역에 관심을 쏟은 후 범위를 넓혀 국제적인 푸드시스템(food system, 식량 생산부터 가공, 유통, 소비에 이르는 전 과정-옮긴이) 문제를 살피기 시작했다. 컬럼비아대학교에서 조교수로 학생들을 가르치며 국제생물다양성연구소(Bioversity International), 유엔 세계식량계획(World Food Programme, WFP)의 REACH(식량 및 영양 지원 활동을 확대하기 위해 WFP와 유엔식량농업기구, 유엔아동기금, 세계보건기구, 국제농업개발기금이 참여한 다자간 파트너십-옮긴이), 그리고 유엔식량농업기구(Food and Agriculture Organization of the United Nations, FAO) 등이 추진한 여러 활동에 참여했다. 푸드시스템과 관계된 수많은 사람과 협력하며 영양이 기후변화나 경제성장, 전반적으로 지속가능한 개발과 어떻게 연결되는지 새롭게 이해하는 관점과 통찰을 얻게 되었다. 앞으로 이야기하겠지만 세계영양보고서(Global Nutrition Report), 식량안보 및 영양 고위급전문가단(High Level Panel of Experts on Food Security and Nutrition, HLPE), 이트-랜싯 위원회(EAT-Lancet Commission) 등 국제적으로 중요한 활동에 참가하고, 이 책을 비롯해 푸드시스템에 관한 자료를 발표할 기회도 얻었다. 덕분에 과분하게도 2012년 다니엘카라소상(Premio Daniel Carasso)까지 받게 되었다. 장기적으로 인류를 건강하게 할 지속가능한 식량과 식단을 연구한 그간의 노력을 인정받은 것 같아 힘이 났다.

그리고 2015년 존스홉킨스대학교의 열한 번째 블룸버그 석좌교수로 발탁되어 고등국제학대학원(SAIS)과 버먼생명윤리연구소(Berman Institute of Bioethics), 블룸버그공중보건대학 국제건강학과 등에서 공동연구 중이다. 존스홉킨스대학교라는 놀랄 만큼 통합적인 최첨단 공간에서 세계 최고의 전염병학자와 윤리학자, 정치학자와 함께 푸드시스템 전반의 중요한 문제들을 연구할 수 있어 대단히 영광스럽다.

지금까지 나는 대부분 시간 동안 (농장에서 식탁에 이르기까지 식량과 관련된 모든 것을 포함하는) 푸드시스템과 식단, 인류 건강, 기후변화 사이의 복잡한 상관관계를 탐구해왔다. 특히 건강하고 공평하고 지속가능한 식단을 장려하도록 푸드시스템을 바꿀 방법이 무엇인지 고민했다. 그리고 장차 인류와 지구의 건강을 위해 우리가 각자 개인적으로 그리고 지역사회와 국가, 국제사회의 구성원으로서 실천해야 할 일이 아주 많다는 것을 깨달았다. 전 세계를 돌아다니며 경험으로 배운 것을 이 책에 펼쳐놓고 우리가 직면한 문제가 무엇인지 분석하고, 그 문제를 해결할 수 있다고 내 나름대로 확신하는 해법을 제시하려 한다.

무릇 모든 사회가 식량에 신경을 쓰기 마련이다. 매일 개인의 건강을 지키고 방대한 문화를 일구는 생명선이 바로 식량이기 때문이다. 하지만 우리가 먹는 식량의 양과 질이 적절하지 않으면 매우 심각한 문제가 생긴다. 특히 무력충돌이나 가뭄, 그 밖의 환경이나 인간이 일으킨 극단적인 사건으로 사회체제가 큰 충격을 받으면 그런 문제가 대단히 빠르게 발생한다. 그리고 기르는 방법이나 매장까지 운송하는 거리, 포장하는 방법 등 식량에 관한 여러 가지 결정이 지구에 큰 영향을 미친다. 지구의 물리적 환경부터 인간을 비롯해 지구에서 살아가는 무수한 곤충과 식물, 동물이 심각한 영향을 받게 된다.

이 책을 쓸 무렵 중증급성호흡기증후군 코로나바이러스2(SARS-CoV-2)가 일으킨 코로나19가 전 세계에 들불처럼 번져나갔다. 우리가 팬데믹(pandemic)의 어디에 서 있는지 가늠할 수도 없는 상황이다. 세계적 유행이 이제

막 시작한 것인지, 전성기인지, 아니면 맹위를 떨치는 추세가 끝나가는 단계인지 알 수 없다. 한 가지 분명한 사실은 푸드시스템과 연관된 (동물과 인간 사이에 전염되는) 인수공통전염병이 세계 보건체계를 뿌리째 흔들며 세계 식량체계와 금융체계 등 다른 모든 분야에도 파급효과를 미친다는 것이다. 동물과 인간의 상호작용에서 가장 큰 변화를 일으키는 요인은 인간활동이며, 그 대부분이 농업과 연관되어 있다. 종의 다양성을 지탱하는 생태계와 이 지구에 이토록 짧은 시간 안에 인간만큼 심각한 변화를 일으킨 종은 이제껏 없었다.

코로나19가 개인에서 개인으로, 지역에서 지역으로, 국가에서 국가로 번지는 상황 속에서 우리는 모두 긴밀히 연결되어 있으며 한 사람에게 닥친 일이 수천, 아니, 수백만 명에게 영향을 끼친다는 사실이 드러났다. 그리고 세계 식량 공급사슬 같은 거대한 엔진이 지극히 허술할 수 있다는 사실도 밝혀졌다. 머지않아 닥칠 식량불안과 굶주림을 해결하지 못하면, 지금 당장은 물론이고 향후 1~3년간 코로나19 변이 바이러스가 온 세계에 퍼지며 팬데믹을 잡으려는 온갖 노력이 물거품이 될 수도 있다. WFP는 코로나19의 경제적 여파로 심각한 식량불안에 시달리는 인구가 급격히 증가할 것으로 내다본다.

비만과 각종 비전염성 질병은 코로나19 입원환자의 치료를 어렵게 하는 중요한 위험요소일 뿐 아니라 무증상 감염자에게도 심각한 합병증을 일으킬 수 있다. 코로나19는 건강한 식품을 확보하는 능력에 대한 직접적인 도전이다. 육류 가공업자 등 푸드시스템 종사자에게 충분한 관심을 기울이지 못한다거나 식량분배가 비효율적이고 불공평하게 이루어지는 등 국제 푸드시스템이 가진 결함 때문이다.

요리와 식사가 누군가에게는 즐거운 취미나 예술이겠지만, 누군가에게는 기본적인 생존이 걸린 문제다. 내가 지난 수년간 깨닫고 코로나19 팬데믹으로 입증된 사실은 우리가 식량으로 서로 떼려야 뗄 수 없는 관계를 맺고 있다는 것이다. 텔레비전에서 방영되는 수많은 요리방송을 보면 음식을 준비하는 과정이 훌륭한 식사를 경험하는 수단일 뿐 아니라 다양한 진행자가 등장해 경쟁을 펼치는 오락으로 그려지기도 한다. 우리는 매일 식단을 짜고, 재료를 사고, 조리해 식사하고, 남은 음식을 처리하는 데 상당히 많은 시간을 들인다. 지금도 세계 일부 지역에서는 식사하려면 아주 먼 거리를 걸어가 물을 길어 오고, 먹을 것을 직접 길러야 한다. 우리의 모든 집단적 행동과 결정은 여러 나라에 걸쳐, 많은 경우 전 세계에 파급효과를 갖는다.

조앤 디디온(Joan Didion)은 〈그 모든 것들에 안녕(Goodbye to All That)〉이라는 글에서 이렇게 이야기했다.

무언가의 시작은 보기 쉽지만 끝은 보기 어렵다.

바로 지금 우리가 앉아 있는 세계 속의 위치와 푸드 시스템을 생각해보면, 정말이지 그 모든 것의 끝이 어딘지 보기 어렵다. 우리의 식품 선택이 지역과 세계에 어떤 영향을 주는지, 혹은 지구가 우리의 식품 선택에 어떻게 반응하고 결국 우리에게 어떤 결과로 돌아올지 연구하는 프로그램도 아직 없다. 코로나19가 지나간 다음 우리 인간사회는 어떤 모습일까? 다음 팬데믹이나 기후충격이 닥치기 전에 더 많은 정보를 쌓아 대비하고 회복력을 갖추게 될까? 나는 인류가 인내력과 창조력, 독창성을 발휘해 어려움을 뚫고 나가길 바라며 그럴 것이라 믿는다.

우리가 직면한 식량안보 문제는 사소한 문제가 아니

다. 세계시민인 우리는 지금 기후변화와 팬데믹, 정치적 격변의 위험에 둘러싸인 중대한 시기를 맞고 있다. 소용돌이치는 혼돈 속에서 공평하고 건강하고 지속가능한 푸드시스템을 갖출 기회를 잡는 것이 대단히 중요하지만, 그러려면 수준 높은 과학이 그 어느 때보다 신속하게 정책에 반영되어야 할 것이다.

전 세계 수많은 과학자와 발명가가 당면 문제를 해결하는 과정에 힘을 보태며 우리를 올바른 길로 이끄는 모습을 보면 미래를 낙관하게 된다. 연구를 통해 행동과 정책이 대대적으로 바뀔 수 있다. 이 순간에도 수많은 연구자가 현지 연구소와 농장, 실험실, 회의실, 강의실에서 쉬지 않고 일하고 있다. 국제 푸드시스템에 문제를 일으키는 요인이 무엇인지 정확히 파악하고 개인과 기관, 민간기업, 국가가 채택할 해결책을 마련하려고 부단히 애쓰고 있다. 어찌 보면 이 책은 그런 연구자들에 대한 보답이며, 앞으로 이야기할 여러 개념에 대해 사고와 연구를 통해 이바지한 수많은 과학자에게 전하는 감사의 뜻이다. 내가 이처럼 어려운 주제에 대해 생각을 정립할 수 있었던 것이 모두 이런 연구자와 과학자들 덕분이다. 그들의 작업이 여러분에게도 인식을 깨우고, 스스로의 선택을 신중하게 고민하도록 영감을 불어넣어 주길 바란다.

　　지속가능하며 어느 한 사람 빠짐없이 모두에게 공평하고 건강한 푸드시스템을 만드는 방법과 관련해 우리가 알고 있는 내용에는 빈틈이 있다. 세상에 의견을 개진하고 그 빈틈을 메꿀 의무가 연구자와 과학자들에게 있다. 전 세계 모든 정치인과 기업가, 시민도 제 역할을 하며 힘을 보태야 한다. 그래야 우리가 눈에 보이는 끝을 설계·구축하고 더 지속가능한 세상을 향해 전진해 세계시민에게 영양을 공급하면서 동시에 지구와 조화롭게 공존할 기회가 마련된다.

2장

캄보디아에서 카레를 요리하면
텍사스에서 토네이도가 발생할까?

5장 ～～～～～～～～～～～～～～～～～ ✕
꿀벌 한 마리가 벌집을 살릴 수 있을까?

바나나를
못 먹게 될 것이다

나중에 마트에 가면 잠시 농산물 코너에 들러 바나나를 살펴보라. 세계 최대 수출국인 에콰도르 등 열대국가에서 자라는 품종을 비롯해 전 세계 각지에서 소비되는 바나나 품종이 1,000종이 넘지만, 정작 유럽이나 미국에 수입되는 바나나는 대부분 유전자변형 품종인 캐번디시 바나나 한 종류다. 씨가 없고 당도가 높으며 수확량도 많을 뿐 아니라 껍질이 두꺼워 수확과 운송 과정에서 상처를 덜 입기 때문이다.

　농장에서 수확해 세척하고 포장된 바나나는 냉장화물선에 실려 멀리 떨어진 항구로 운송된다. 엄청난 양의 화석연료를 태우며 이동하는 것이다. 목적지에 도착한 바나나는 온도조절이 가능한 창고에서 가스처리로 숙성된 후 위생 및 안전성 검사를 거쳐 소비자를 만나러 간다. 그렇게 트럭에 실려 소매점으로 이동하는 동안 바나나는 더 많은 탄소발자국을 남긴다.

유전자변형 작물인 캐번디시 품종은 토양에서 전염되는 곰팡이에 취약하다. 캐번디시 바나나에 앞서 상업적으로 최고의 인기를 끈 그로미셸 바나나도 1950년대에 곰팡이 때문에 전멸했다. 말하자면 식물 세계에 팬데믹이 일어난 것이다. 현재 우리가 이용 가능한 항생제로 인간의 질병을 효과적으로 치료할 수 없게 된 것처럼, 이런 곰팡이가 살균제에 내성을 갖기 시작했다. 바나나는 매년 1,000억 개 정도가 소비될 만큼 세계에서 가장 인기 있는 과일이지만 곰팡이 때문에 바나나 재배가 큰 타격을 입게 될 것이다.

대부분 바나나 농장이 능률과 원가절감을 중시하는 다국적기업과 계약을 맺고 운영됨에 따라 노동자에게 여러 문제를 일으킬 가능성도 커지고 있다. 코스타리카와 니카라과, 필리핀에서는 바나나 노동자들이 살충제나 각종 농약에 노출된 탓에 호흡기질환이나 시력상실, 불임 등의 증상에 시달린다. 전 세계 대형마켓이 가격경쟁을 벌이는 탓에 바나나 농장의 남녀 노동자들은 극심한 더위 속에서 긴 시간 일하며 임금도 제대로 받지 못하고 있다.

우리가 별생각 없이 카트에 담은 바나나 한 송이는 과학적으로 대단히 복잡하게 육성되고, 노동자의 건강을 해쳤을 가능성이 크며, 환경을 훼손하는 여행을 했다. 또한 값싸고 건강에 좋고 칼륨이 풍부한 간편식이나 아침식사용 시리얼에 얹을 고명으로 만들어 전 세계에 공급한다는 결정에 따라, 다른 바나나 품종을 멸종위기로 몰아넣었을 수도 있다.

우리가 먹는 음식 대부분이 이처럼 농장 또는 목장에서 식탁까지 이어지는 복잡하고 거대한 푸드시스템의 산물이다. 농장생산부터 가공, 운송, 유통, 마케팅, 판매, 폐기에 이르는 일련의 사건, 즉 식량공급의 모든 과정이 이 시스템에 포함된다. 직판장에서 구매한 식품처럼 비교적 소규모이고 지역적인 푸드시스템도 있지만, 공장에서 가공되어 간식으로 포장된 상품처럼 전 세계에 걸쳐 수많은 중간단계와 인력을 포함한 푸드시스템도 있다.

아주 오래전부터 인류문명은 식량을 재배하고 가공하고 조리해왔으며, 역사를 통틀어 사회가 건설된 토대는 농업과 푸드시스템이었다. 현재 우리는 인구가 많고 고도로 도시화된 행성에 살고 있지만, 모두가 여전히 식량을 기르고 운반하고 판매하고 조리하는 고대의 관습에 머물러 있다. 매일같이 대형마켓에서 기본 식자재를 구매해 비축하고, 노점에서 타코를 사고, 전화로 식료품을 주문하고, 더할 나위 없이 좋은 토마토를 찾아 직판장을 뒤질 때 우리는 수십억 인류가 이제껏 공유하고 앞으로도 계속 공유할 무언가에 동참하는 것이며, 그것은 바로 인류문화와 사회 그리고 생존의 근본 토대라고 할 수 있는 우리의 긴밀한 푸드시스템이다.

우리가 먹는 음식은 단순히 생명유지를 위한 영양 공급원만이 아니다. 음식은 개인과 전체 인구의 영양 및 건강, 지구의 천연자원과 기후변화, 그리고 사회의 구조적 공평성과 사회정의 문제에도 직접적이고 중대한 영향을 미친다. 식량이 우리를 세상과 연결하는 것이다. 우리는 대부분 미처 깨닫지 못하지만, 지금 우리가 어떤 세상에 살고 있으며 미래에 어떤 세상에 살게 될지 결정하는 것도 식량이다.

대기와 생물권, 물의 순환 등 지구 시스템의 여러 가지 작용이 극적으로 변화하며 인간이 지구를 지배하게 되었고, 우리는 누군가 인류세라 이름 붙인 새로운 지질시대에 들어섰다.[1] 우리는 지구의 천연자원을 이용해 현대세계를 구축했지만, 그에 따른 영향이 없지 않았다. 인구가 급증하며 훨씬 더 많은 자원이 필요해짐에 따라 그 영향은 계속해서 쌓이고 점점 더 심각해질 것이다. 인간행동으로 이미 지구온난화와 서식지 손실, 삼림 파괴, 광범위한 종의 멸종, 대기와 해양과 토양의 화학성분 변화가 일어났다. 궤도를 대대적으로 수정하지 않으면 머지않아 점점 늘어나는 인구를 먹이고 보호하고 치료하느라 발버둥 치는 날이 올 것이다. 이런 인간행동 중 핵심적인 한 부분이 바로 우리의 접시에 담긴 음식과 식단이다.

음식과 건강,
공평성,
환경의 관계

21세기에 우리가 직면한 가장 큰 문제는 다음 세 가지다.

- 당뇨와 고혈압처럼 비용이 많이 드는 만성질환을 치료하는 부담
- 기후변화와 천연자원 고갈 문제
- 국가 간은 물론 한 국가 내부에 존재하는 심각한 경제적·사회적 불평등

이 세 가지 문제가 모두 우리가 먹는 음식과 직접적으로 연결된다.

우리의 푸드시스템은 현대세계의 기적이다. 80억 명에 육박하는 인구가 살아남을 만큼 충분한 음식을 효과적으로 공급하기 때문이다. 2010년대 들어 사상 처음으로 연간 아사자 수가 100만 명 이하로 떨어졌고, 최근 몇십 년 사이 감소 추세가 완만한 곡선을 그리고는 있지만 전 세계 영양실조 발병률도 꾸준히 떨어지고 있다.[2] 현재 (모두가 그런 것은 아니지만) 전 세계 많은 사람이 유례없이 풍부하고 질 좋고 다양한 음식을 즐기고 있다.

하지만 우리가 먹는 음식 때문에 건강문제가 점점 더 커지고 부담을 주는 것도 사실이다.[3] (음식과 건강의 관계는 1장에서 자세히 다룰 것이다.) 지난 25년간 기아율이 꾸준히 줄기는 했으나 여전히 많은 사람이 다음 끼니를 언제 어디서 해결할지 모르는 식량불안에 떨고 있다. 수많은 여성과 어린이가 아직도 영양실조에 허덕이고, 곳곳에서 비만 환자가 늘고 있다.

매일 밤 주린 배를 움켜잡고 잠자리에 드는 사람이 6억 9,000만 명을 웃돈다.[4] 비만 환자는 20억 명이 넘고, 그중 4,000만 명이 5세 이하 어린이다.[5] 전 세계 아동 중 20퍼센트 이상이 발육부진으로, 나이에 비해 키가 작다. 영양이 풍부한 음식을 충분히 섭취하지 못한 탓이며, 발육부진 아동 대부분이 중저소득 국가의 어린이다. 그런 가 하면 전 세계적으로 확산하는 비만은 당뇨나 심장질환, 암 등 비전염성 만성질환의 증가로 이어진다. 모두 치료비용이 많이 들고 환자를 쇠약하게 하는 치명적인 질병으로, 우리의 보건체계에 과도한 부담을 안기고 있다. 식단을 대대적으로 수성하시 않으면 음식과 연관된 비전염성 질병으로 사망하는 사람이 늘며 인류 건강은 계속해서 쇠퇴할 것이다.

푸드시스템은 지구환경의 건강에도 점점 더 큰 부담을 주고 있다(2장에서 자세히 다룰 것이다). 기온상승과 강수 패턴 변화, 대양 산성화의 주범인 온실가스의 10~24퍼센트 정도가 푸드시스템에서 배출된다. 한편 농작물은 기후변화에 대단히 민감하게 반응하기 때문에 늘어나는 인구를 먹여 살릴 만큼 충분한 식량을 생산하기가 점점 더 어려워지고 있다.[6] 인간행동과 행성계는 쌍방향 관계다. 인간의 생활방식과 결정이 행성의 파괴적인 변화를 추진하고, 그런 행성의 변화로 인해 인간이 신음한다. 파괴적인 순환고리 속에서 우리 행동에 따른 피해가 우리 자신에게 돌아오는 것이다.

3장에서 이야기하겠지만 식사는 공평성과 공정성,

사회정의 등 중요한 의미를 내포한 윤리적 행동이다. 최상의 삶을 영위할 기회를 박탈당하고 소외된 이들에게 특히 그렇다. 부자들의 식단 선택에 따른 기후변화가 가난한 사람들의 삶에 불균형적으로 큰 피해를 준다. 먹을 것을 선택하는 과정은 세계시민의 단기적·장기적 공평성에 영향을 주는 결정이다. 푸드시스템의 효율과 방향을 결정하는 문제도 마찬가지다. 반드시 도덕적이고 윤리적으로 균형을 잡아야 한다. 인간의 건강과 지구의 건강을 모두 지킬 수 있을까? 만일 그럴 수 없다면 어떻게 균형을 맞추고 살아가야 할까? 누구와 무엇을 우선시하고, 누구와 무엇을 뒤로 미뤄야 할까?

어떻게 하면 우리가 인간과 지구의 요구를 충족시키기 위해 변해야 할 훨씬 더 큰 사회체계의 일부가 될 수 있을까? 이것이 4장에서 다룰 주제다. 건강하고 지속가능하고 공평한 식단을 만드는 해법은 단순하지 않다. 지역 차원에서 국제적인 공급사슬까지 서로 다른 사람과 조직을 모두 겨냥하는 다양한 접근법과 전략의 통합이 필요하다. 현재 수많은 방법이 그 해법으로 제시되고 시행을 앞두고 있다. 이런 해법을 실행하려면 개인의 인식과 정부의 정치적 의지, 민간부문의 투자가 필요하다.

마지막으로 5장에서는 푸드시스템을 바꾸기 위해 우리가 각자 어떻게 행동해야 하는지 살펴볼 것이다. 세계시민 한 사람 한 사람이 자신의 선택과 정책지지를 통해 중요한 변화를 이끌도록 이바지할 수 있다. 식단의 변화만으로 문제를 해결할 수는 없다. 그러나 식단의 변화는 인류의 건강과 지구의 건강을 개선하는 데 대단히 중요하다. 변화는 처음에는 보잘것없어도 그 폭이 기하급수로 커지는 경우가 많다. 너무나 거대한 문제여서 개인의 행동으로는 어찌할 수 없다고 생각하는 사람도 있겠지만, 우리에게는 각자 해야 할 역할이 있다.

식단을 바꾸면
지구를 살릴 수 있을까?

푸드시스템은 식단, 인체 영양 및 건강, 환경 및 천연자원, 동물복지, 사회적 공평성 간의 연관관계를 대변한다. 이 다섯 가지 영역 중 하나가 변하면 나머지 네 영역도 영향을 받는다. 소비자가 자신의 수요나 취향에 따라 선택한 식단이 인체 영양과 건강에 영향을 미친다. 우리가 먹을 음식을 기르고, 운송하고, 가공하고, 판매하고, 소비하는 방법은 환경과 기후변화에 지대한 영향을 끼칠뿐 아니라 지역 및 국제 금융체계, 그리고 식량 생산과 운송에 참여한 근로자에게도 큰 파급효과가 있다.

　한편 기후변화가 가속화되면 우리가 기를 수 있는

식량의 수확량, 식량의 종류와 안전성, 품질도 심각한 위
기에 직면한다. 결국 푸드시스템과 식단이 유한한 천연
자원에 타격을 주는 것이다. 그냥 내버려 두면 우리의 식
단 선택이 이러한 문제를 더욱 악화시킬 것이다.

우리의 푸드시스템은 중대한 시점을 맞이했다. 이것
은 코로나19 팬데믹으로 인해 더욱 분명해졌다. 우리의
푸드시스템은 공평하게 인류의 건강을 증진하고 환경의
지속가능성을 떠받칠 힘이 있지만, 지금 우리는 엄청나
게 위험한 길을 걷고 있다. 다음 몇 년 동안 우리가 어떻
게 행동하느냐에 따라 푸드시스템의 미래는 물론 지구에
서 살아가는 우리의 미래도 결정될 것이다. 지구의 요구
를 해결하지 않으면 인간과 많은 종의 동식물이 공유하
는 이 생태계가 생존을 위해 몸부림치게 될 것이다. 바나
나 한 송이, 소고기, 설탕, 팜유를 카트에 담는 행동이 나
비효과를 일으킨다. 하찮게 보이겠지만 당신의 그런 결
정이 국제적인 푸드시스템과, 그 시스템을 형성하고 그
에 의존해 살아가는 사람, 그리고 푸드시스템을 지탱하
는 환경에 영향을 미친다.

1

우리가 먹는 것이
우리인가,
우리가 그저 삼키는 것이
우리인가?

2012년부터 5년 동안 동티모르에서 활동하며 음식이 인구의 건강에 작용하는 다양한 모습을 목격했다. 아주 최근에 민주주의를 수립한 동티모르는 인도네시아와 호주 사이에 자리한 동남아시아의 작은 섬나라다. 오랜 세월 혼란을 겪고 내전과 식민주의에 시달린 뒤 2002년에 비로소 독립했다. 동티모르는 100만여 명의 인구 중 4분의 1이 영양부족이다. 5세 이하 아동 중 50퍼센트가 발육부진이며 38퍼센트가 체중미달이다. 동티모르에서는 추수한 쌀과 옥수수가 떨어진 뒤 다음 수확을 기다리는 매년 1월과 2월에 계절적 기아가 발생한다. 이 시기에는 동티모르 인구의 절반이 겨우 한 끼 식사로 하루를 버틴다.[1]

　　동티모르 대부분 가정에서 주요 열량공급원은 쌀이다. 정부가 국내 생산량을 늘려 수입을 줄이려고 노력하고 있지

만, 동티모르에서 소비되는 쌀은 대부분 수입 쌀이다. 동티
모르 사람들은 쌀을 전통식품으로 여기고 있으나 사실 쌀
은 20세기 말에 인도네시아가 동티모르를 점령하며 도입한
작물이다. 점령지 동티모르를 쌀 생산기지로 삼을 요량이었
다. 그전까지 동티모르 전통음식의 주재료는 고구마와 참
마, 토란 같은 덩이뿌리와 덩이줄기였다. 말레이제도가 원
산지인 이들 작물이 쌀 위주 식단보다 더욱 다양하고 영양
가도 뛰어난 식단을 제공한다. (대체로 결혼식이나 장례식 등 특별
한 행사가 열릴 때로 제한되지만) 동티모르에서 고기나 각종 동물
성 식품을 정기적으로 섭취하는 인구는 절반을 밑돌고, (완
두콩이나 강낭콩 등) 콩류 식품이나 과일을 섭취하는 인구는 훨
씬 더 적다. 인스턴트 누들처럼 싸고 건강에 나쁜 정크푸드
가 널리 보급되어 인기를 끌고 있다. 그 결과 동티모르 사람
들에게 미량영양소 결핍증과 전반적인 영양실조가 광범위
하게 발생한다.

　동티모르 정부는 현재 쌀 생산량을 늘리기 위해 대규
모로 투자하고 있다. 최근 적대적인 관계로 돌아선 이웃 국
가에 대한 식량 의존도를 줄임으로써 국가안보와 주권을 지

키고 식량 자급자족을 달성하기 위해서다. 동티모르의 쌀 위주 식단은 정부가 식량수입 중지와 식량안보 향상에만 신경 쓰고 영양개선을 등한시한 결과다. 물론 이것이 반드시 부당하다고만 할 수는 없다.

동티모르는 수년간 분쟁에 시달린 끝에 독립을 쟁취했다. 그러나 동티모르평화발전연구센터(Center of Studies for Peace and Development in Timor-Leste) 상임이사인 주앙 보아비다(João Boavida)의 말처럼 "동티모르는 여전히 과거 속에서 살고 있다."[2] 그 원인은 처참한 분쟁 경험이다. 그들이 식량주권을 추구하는 이유는 인구를 먹여 살릴 충분한 쌀을 생산하기 위한 것이지만, 이는 경제적으로 가장 합리적인 선택이 아닐 수도 있다. 이웃 나라인 베트남이나 태국에서 쌀을 수입하는 비용이 훨씬 싸기 때문이다. 또 동티모르 정부는 덩이뿌리와 덩이줄기, 채소, 과일 등 영양가 높은 식량을 더 다양하게 생산하도록 권장함으로써 농업도 지원하고 국민의 영양상태도 회복시킬 수 있다.

선택에는 대가가 따르기 마련이다. 동티모르뿐 아니라 모든 나라가 마찬가지다. 선택에 따라 누군가는 혜택을 보고 누군가는 부정적인 영향을 받을 수 있다. 동티모르는 식량주권을 확보하도록 나름의 푸드시스템을 구축할 권리가 있고 책임도 있다. 동시에 동티모르의 모든 시민은 건강한 식단을 꾸미기 위해 영양가 높은 다양한 음식을 충분히 공급받을 권리가 있다. 다양하고 영양가 높은 음식이 빠진 식단은 어린이의 신체발달과 인지발달을 방해하고, 결국 이들의 미래 소득에도 영향을 미칠 수 있다. 다양하고 영양이 풍부한 식단은 성인의 건강도 개선해 비전염성 질환을 억제하는 효과가 있다.

만일 동티모르가 농업주도성장과 농촌개혁으로 국가발전 속도를 앞당길 계획이라면, 쌀을 단일경작하는 식량주권을 뛰어넘어 실질적이고 다양한 농업투자가 필요하다. 관광이나 서비스업, 제조업을 통한 경제성장을 선택할 수도 있다. 이 중 어느 한 길을 택하든 혹은 여러 길을 동시에 선택하든, 시민들의 지적 자산에 투자해야만 한다. 그래야 수십 년간 분쟁으로 혼란스러운 동티모르가 지식경제를 향해 나아갈 수 있다. 매일같이 많은 국민이 시달리는 광범위한 영양실조를 해결할 방법을 고민해야 하고, 어린이의 인지발달과 성장, 미래 세대의 건강을 개선해야 한다.

영양실조와 식량불안은 내가 근무하는 볼티모어에서
도 흔한 문제다. 시카고나 뉴올리언스, 디트로이트 등 미국
의 다른 도시와 마찬가지로 볼티모어도 도시빈곤 문제가 심
각하다. 이러한 도시빈곤은 대개 뿌리 깊은 인종차별이나 소
외, 사회적 차별 문제로부터 기인한다. 도시빈곤 지역의 주
민들도 (저임금의 일자리라도 얻어 기본비용을 충당할 돈을 버는 경우)
전기나 수도, 편의점을 이용할 수 있지만, 의료서비스나 사
회복지 그리고 안전한 주거환경까지 보장받지는 못한다. 도
시를 투자안전지역과 투자위험지역으로 구분하는 금융권의
레드라이닝(redlining)으로 인해 많은 주민이 피해를 보고 있
다. 대형 식료품점이 저소득 지역에 진출하기를 꺼리기 때문
이다. 볼티모어 같은 도시에서 투자위험성이 높다고 분류된
지역은 대체로 아프리카계 미국인들이 거주하는 곳이다.

볼티모어 어디서나 저소득층 지역에 들어선 식당은 값
싸고, 빨리 나오고, 대체로 건강에 나쁜 음식을 파는 패스트
푸드점이나 편의점이 대부분이다. 이런 곳은 (시장이 없는) 식
품사막이거나, 또는 (식품을 구할 수는 있지만 가게나 패스트푸드점

에서 파는 식품이 주로 초가공 정크푸드인) 식품늪이다. 그래서 당연히 이러한 저소득층 지역에서는 신선하고 건강한 식품을 판매하는 시장이 즐비하고 더 나은 의료서비스를 받을 수 있는 볼티모어의 다른 부유한 지역보다 (심장질환, 뇌졸중, 암, 당뇨 등) 식습관 관련 비전염성 질환 발생률이 훨씬 더 높게 나타난다. 이와 같은 불평등은 놀랍도록 확연하게 드러나며, 불과 몇 킬로미터 사이를 두고 발생하기도 한다.

식단의 영향

삶을 통틀어 우리의 인지능력과 운동기능, 사회성 발달, 학업성취, 생산성, 생애소득을 이상적인 수준으로 끌어올릴 수 있도록 기여하는 것이 바로 영양이 풍부하고 다양한 음식을 섭취하는 것이다. 음식은 건강뿐 아니라 나와 타인을 잇는 사회적·문화적 전통을 보존·강화하고, 일상생활을 구성하는 가장 중요한 부분이기도 하다. 식단을 만드는 음식과 식사는 이처럼 다양한 방식으로 우리의 건강을 지키고, 사회에 참여하게 하며, 가장 단순한 기쁨을 제공한다. 우리의 하루는 식사로 시작해 식사로 끝난다고 할 수 있다.

식단 선택은 전 생애에 걸쳐 중대한 문제이지만 유
년기와 청소년기를 포함한 발달기와 임신기에는 특히 더
중요하다. 아동발달의 첫 1,000일, 즉 수정부터 두 살이
될 때까지 기간이 평생의 건강을 결정한다. 이 기간에 공
급되는 단백질과 철분, 아연, 비타민A, (특히) 오메가3 지
방산 등 주요 영양소가 두뇌와 면역체계가 최적의 상태
로 발달하고 기능하도록 돕는다. 아동이 자신의 잠재력
을 최대한 발휘할 수 있는 상태로 성장하는 것이다. 좋은
영양소의 중요성은 여기서 그치지 않는다. 좋은 영양소
섭취가 부족할 경우에는 수십 가지의 신체적인 질병을
피하지 못한다.

음식은 이처럼 건강에 매우 중요한 요소이지만 세계
적으로 식단의 질이 떨어지고 있다.[3] 예전에는 음식과 관
련해 병에 걸리거나 사망하는 원인이 대부분 열량 부족
이나 영양결핍이었고, 특히 영양이 부족한 빈곤층에서
자주 발생한 전염병이 문제였다. 하지만 지금은 음식과
관련해 병에 걸리거나 사망하는 주요 원인이 비전염성
질환이다.

기본적인 신체기능에 필요한 에너지만 공급하고 성
장에 필요한 영양분을 충분히 공급하지 못하는 식단은

건강하지 않은 식단이다. 채소와 과일, 통곡물, 견과류, 씨앗, 오메가3 지방산이 함유된 음식을 섭취하지 않고, 살라미나 핫도그처럼 (소금에 절여 보존처리한) 붉은색 가공육 비중이 큰 식단은 최적의 식단이 아니다. 마이클 폴란 (Michael Pollan)이 《잡식동물의 딜레마(The Omnivore's Dilemma: A Natural History of Four Meals)》라는 책에서 '먹을 수 있는 음식 같은 물질(edible foodlike substances)'이라고 부른 초가공 포장식품은 소금과 몸에 나쁜 지방과 설탕 범벅이다. 어느 나라에서건 청량음료나 달콤한 아이스티처럼 설탕으로 단맛을 낸 음료를 과다섭취한다.[4] 현재 평생 남는 장애나 예방 가능한 사망을 일으키는 제1 위험요인이 바로 우리가 먹는 음식이다. 2017년 한 해에만 1,100만 명이 음식 때문에 사망했다.

워싱턴대학교의 아시칸 아프신(Ashkan Afshin) 교수는 빌앤드멀린다게이츠재단(Bill and Melinda Gates Foundation)에서 후원한 '세계질병부담(Global Burden of Disease)' 연구 프로젝트로 식단을 연구하고 있다. 이 프로젝트에는 145개국 연구원 3,600명 이상이 참여하고 있다. 아프신 교수는 미래의 식단을 이렇게 내다본다.

최근 저희는 여러 시나리오를 세우고 향후 30년간 다양한 위험요소에 따른 질병부담이 어떻게 될지 예측하는 작업을 진행했습니다. 거의 모든 시나리오에서 확인된 결과에 따르면, 전 세계적으로 식단과 (비만, 고혈압, 공복혈당장애 등) 음식 관련 위험인자가 사망 위험요인 상위 5위 안에 들었습니다.[5]

어떻게 우리에게 영양을 공급해야 할 식단이 우리를 죽음으로 이끄는 이런 아이러니한 상황에 이르렀을까? 이는 해결방법도 쉽지 않을뿐더러 이런 상황을 일으킨 원인도 한 가지가 아니다. 개인적 취향이나 형편에 따른 식단 선택, 식품환경, 국제무역과 식량공급, 교육·소득·고용·주거와 같은 사회적·문화적 요인 등 여러 가지 원인이 다각도로 작용한다. 이 모든 것이 복잡하고 변화무쌍하게 상호작용하며 우리가 먹는 음식과 먹는 방법을 결정한다. 식단의 엄청난 불평등도 이 때문이며, 누군가는 건강을 지키고 또 누군가는 음식 관련 질환에 시달리는 이유도 바로 이 때문이다.

가공식품은 몸에 나쁜가?

초가공식품은 영양 지뢰밭이라고 할 수 있다. 대체로 지방과 소금, 설탕을 건강에 좋지 않은 수준까지 함유하고 있다. 일부 초가공식품은 환경문제도 일으킨다. 생산하는 과정에서 많은 에너지를 소비하고, 운송하는 과정에서 화석연료를 태우고, 부산물을 처리해야 하며, 매립지에 포장재를 잔뜩 버리기 때문이다. 하지만 어디까지가 가공일까? 가공은 항상 나쁜 것일까?

기본적으로 가공식품은 섭취하기 편하게 만들거나 유통기한을 늘리기 위해, 혹은 이 두 가지 목적 모두를 위해 자연적인 상태에서 변화된 식품을 가리킨다. 달걀, 생선, 그리고 지역 유기농 농산물을 제외한 대부분의 식품은 어떤 식으로든 가공된 것이다. 가공의 범위는 매우 넓고, 소비자가 적당히 섭취하면 신체적 손상을 일으키지 않는 가공이 대부분이다. 오렌지 등의 과일과 채소를 먹음직스럽게 보이도록 색을 입히거나 올리브를 압착해 올리브유를 짜는 것처럼 단순한 가공도 있고, 치즈볼이나 수많은 가공단계를 거치는 각종 토핑을 얹은 냉동피자 같은 정크푸드를 생산할 때처럼 복잡한 가공도 있다. (곡물에서 섬유질과 비타민B 복합체, 무기질을 분리하면서 소화가 잘되게 하는) 도정 같은 오래된 방법도 가공이고, (높은 열이나 빛, 산소에 노출되어 영양분은 손실되지만 인체에 유익한 미생물을 증가시키는) 발효나 통조림 제조, 냉동 같은 저장기법도 가공이며, (합성식용색소, 미네랄오일, 파라핀왁스 등) 원유 정제 부산물을 식품에 첨가하는 현대적인 기술도 가공이다.

가공 자체는 나쁜 것이 아니다. 문제는 지나치게 처리된 초가공식품이다. 이들은 심장질환이나 체중증가 등 건강을 위협하는 위험요소와 연결된다. 초가공식품은 우리 뇌의 쾌락중추를 자극하며 (맛있어! 바삭바삭해!) 중독과 같은 갈망을 만족시킨다. 가끔 먹는 것은 괜찮지만, 영양성분표에 건강에 나쁘다고 알려졌거나 전에 들어보지 못한 성분이 표기되어 있다면 한 번 더 생각하는 편이 좋다. 또 한 가지 유념할 점이 있다. 미국 식품의약국(Food and Drug Administration, FDA)은 천연성분과 화학성분을 모두 규제하지만, 일정한 섭취량을 기준으로 안전하다는 판정을 내리므로, 이것이 일정한 분량을 넘어 과다섭취해도 안전하다는 보장은 아니라는 사실이다.

식품을 선택할 때는 다음의 사항을 고려하자.

- 최종 형태로 진열대에 놓이기까지 얼마나 많은 단계를 거쳤는가? 그리고 그 식품을 어떻게 사용하려고 하는가? (우유로 크림소스를 만들어 조리하면 찬 우유를 마실 때보다 영양가가 떨어진다.)

- 성분의 원료는 무엇이며, (팜유를 가공하기 위해 야자나무를 벌목해 오랑우탄의 서식지를 파괴하는 것처럼) 제조과정에서 지구와 거주민에게 피해를 줄 가능성은 없는가?

- 알 수 없는 첨가제가 얼마나 들어 있는가?

- 얼마나 멀리 이동해 왔는가?

흙이나 물에서부터 식탁까지 거리가 가까우면 가까울수록 허리둘레, 심장, 지구에 더 좋은 법이다.

식량안보

식량안보는 사람들이 영양실조로 고통받느냐 고통받지
않느냐를 결정하는 중요한 요소다. 식량안보는 가격이 적
당하고, 영양가가 높고, 안전하고, 다양한 음식을 충분한
양만큼 안정적으로 구할 수 있는 물리적 접근이 확보된
상태를 말한다. 정부와 농업 관련 산업, 지역 및 국제 무
역기구는 전 세계적으로 충분한 식량이 생산되고, 생산된
식량의 다양성이 확보되고, 식량이 큰 손실 없이 효율적
으로 시장에 운송되도록 최선의 노력을 다해야 한다.

　식량에 쉽게 접근해 적정한 가격으로 구할 수 있다
해도 인간의 몸 또한 식량을 이용할 능력을 갖추어야 한

다. 가정에서 식량을 효율적으로 활용하려면 식량을 안전하고 건강하게 보관하고 조리하는 기술과 음식물쓰레기 처리법, 영양분을 효과적으로 흡수해 물질대사를 높이는 방법을 알아야 한다. 감염증상이 자주 발생하거나 만성감염에 시달리는 사람은 영양분을 흡수하는 기능에 이상이 생겨 섭취한 음식을 효율적으로 활용하는 능력이 떨어질 수 있다.

2007년부터 2010년까지 우간다 남서부를 여러 차례 방문해 농업과 영양 프로그램을 도울 적에 그곳의 식량불안과 아동 영양실조 비율이 놀랄 만큼 높다는 사실을 알게 되었다. 당황스러웠던 점은 그 지역이 우간다 국민의 열량공급을 책임지는 곡창지대라는 사실이다. 농부들은 마토케, 즉 (바나나의 친척으로 전분 함량이 높은) 플랜틴을 기르며 간신히 연명한다. 이것을 향신료와 함께 조리해 그들의 국민 음식인 같은 이름의 마토케를 만든다. 그토록 비옥한 곡창지대에서 빈곤율이 높고 식품 다양성이 낮은 까닭이 무엇일까? 그 한 가지 이유는 플랜틴을 재배하는 방식 때문에 다른 식량을 재배할 곳이 거의 없다는 것이다. 농부들은 플랜틴 나무가 자랄 공간을 확보하기 위해 다른 나무의 잔가지와 그루터기를 몽땅 베어내는 방식으로 땅을 개간한다. 가정마다 전기가 들어오지 않기 때문에 불을 때서 음식을 조리할 수밖에 없지만, 벌목으로 인해 땔감이나 연료로 쓸 나무가 부족하다. 특히 콩 요리처럼 건강에 좋지만 조리시간이 오래 걸리는 음식은 엄두도 내지 못한다.

그래도 농부들은 수요 환금작물인 플랜턴 나무를 벨 생각은 없다. 결국 우간다 남서부 지역 70~80퍼센트의 가정이 열량은 높고 영양가가 낮은 마토케로 식단을 구성한다. 그리고 농사를 짓는 가정들은 기후와 관련해 빈번히 발생하는 자연재해나 해충으로 인해 믿을 수 없을 만큼 곤란한 지경에 빠지곤 한다. 게다가 말라리아나 이질 등 전염병이라도 덮치면 이곳 사람들은 (특히 어린이는) 그나마 단조로운 식사에 담긴 영양분도 제대로 흡수하지 못한다.

우간다 남서부 출신으로 세계영양개선연대(Global Alliance for Improved Nutrition, GAIN)에서 활동하고 있는 내 친구이자 동료인 에녹 무신구지(Enock Musinguzi)는 이렇게 이야기한다.

아프리카에는 농업생물다양성이 아주 풍부해서 그

나라의 곡창지대인 지역이 있습니다. 하지만 그런 곡창지대 중에 극심한 영양실조로 쇠약해진 사람들이 넘쳐나는 지역이 많습니다. 우간다 남서부에서 탄자니아 남부 농업지대를 거쳐 케냐 서부에 이르는 지역만 해도 '풍요 속의 빈곤'이 불편하지만 익숙한 형태로 계속 나타나고 있지요.[6]

빈곤은 식량불안의 원인이자 결과다. 전 세계 10억 명이 넘는 인구가 하루 1달러 25센트 미만의 수입으로 극심한 빈곤에 시달리고, 코로나19 팬데믹의 여파로 실업이 급증하고 기업들이 줄지어 도산하면서 그 수가 기하급수로 늘고 있다. 하지만 경제의 성장과 안정만으로는 식량불안과 기아를 완전히 해결할 수 없다. 수많은 나라에서 농촌과 도시 간에, 그리고 지역 간, 인종 간에 불평등이 존재한다. 예를 들어 인도는 지난 수십 년간 놀라운 경제성장을 이뤘지만 아동과 산모의 영양실조와 당뇨, 비만이 여전히 심각한 수준이다.

극빈층의 3분의 2 이상이 굶주리고 있으며, 이러한 가정의 아동은 5세 이전에 사망할 확률이 5배나 높다.[7] 또한 영양실조에 걸린 사람은 생활비를 버는 능력도 떨어져 결국 빈곤과 영양실조의 악순환을 벗어나지 못한다. 식량불안과 빈약한 식단은 각종 전염병과 비전염성 질병에 걸릴 위험을 높이고, 신체적인 운동능력과 인지기능을 떨어트린다. 또 생활방식이나 환경과 관련된 위험에 노출될 취약성을 증가시키고, 사회참여도를 떨어트리며, 환경문제에 대응하는 어려움도 증가시킨다.

각 가정과 공동체와 사회 차원의 만성적인 식량불안은 영양실조와 비만이라는 '이중부담'으로 이어질 수 있다. 식량불안을 겪는 사람들은 (우간다 남서부와 동티모르의 경우처럼) 생계형 주식이나 (볼티모어의 경우처럼) 값싸고 열량이 높으나 영양가가 낮은 음식을 먹기 쉽다. 식량불안을 겪는 곳도 가끔 영양가 높은 식단이나 음식을 구할 수 있는 기간이 있지만, 막상 그 기간이 되었을 때 개인적으로 재정 압박을 받는 경우가 많다. 그래서 결과적으로 번번이 식량 부족에 시달리거나 건강에 그다지 좋지 않은 음식을 지나치게 많이 먹고, 더불어 의료서비스 혜택을 제대로 받지 못하고, 신체활동 기회는 감소하며, 건강에 나쁘거나 부적절한 식품환경에 노출될 위험성이 증가하는 결과가 나타난다. 다양하지 못한 식단이나 초가공식품 위주로 구성되어 영양가는 없고 열량만 높은 식단은 영양

공급 없이 체중만 증가시킬 수 있다. 중요하게 확인된 증거들에 따르면, 엄마 배 속에 있을 때나 유년기에 충분한 영양을 공급받지 못한 사람은 성년기에 비만이 될 위험성이 더 높다.

　이런 결과는 세계 곳곳에서 확인된다. 미국에서는 1960년대 이후 특히 농촌지역에서 빈곤과 실업으로 인해 식량불안과 비만이 증가했다. 도시에 사는 사람도 식량불안에 취약하기는 마찬가지다. 환경적으로 영양가 높은 식단을 보장해줄 적절한 서비스와 지원체계를 갖추지 못한 도시가 많기 때문이다. 미국에서 식량불안을 겪는 가정의 비율은 12퍼센트에 이른다. 미국의 부를 생각하면 믿기 어려울 만큼 높은 수치다. 인구수로 따지면 대략 4,000만 명이고, 극심한 식량불안을 겪는 아동만 54만여 명이다.[8] 식량불안은 대체로 중남미계와 아프리카계 미국인 가정, 실직 가정, 엄마 혼자 아이들을 키우는 가정, 그리고 모든 지역사회의 빈곤층에서 높게 나타난다. 소득이 높은 나라에서도 심각한 불평등이 발생할 수 있다. 고정소득이 있는 노년층이 부유한 별장 주인이나 피서객과 어울려 직원들의 서비스를 받으며 살아가는 휴양지처럼, 비교적 작고 부유하다고 인식되는 지역사회에도 불평등이 존재한다. 이런 지역에서 수십 년간 살아온 주민들이 인근에 대저택이 들어서며 치솟는 재산세를 감당하지 못하는 경우가 흔하다. 결국 이들은 집을 지키기 위해 식량이나 각종 생활필수품을 구매하는 비용을 줄일 수밖에 없다.

모순처럼 들리겠지만, 주린 배를 움켜잡고 잠자리에 드는 사람 중에 체중증가로 고생하는 사람이 많다. 연구 결과, 미국에서 식량불안을 겪는 성인이 그렇지 않은 성인보다 비만일 확률이 32퍼센트 더 높았고, 특히 여성에게서 높게 나타났다.[9] 식량불안을 겪는 가정의 아동이 조악한 식습관에 따라 과체중이나 비만이 될 성향이 평균 이상이라는 연구결과도 있다.[10] 게다가 식량불안을 겪는 아동은 심각한 행동장애나 사회적 상호작용 결여, 인지발달 저하, 학업성취도 저하 현상을 보이는 경우가 흔한데, 결국 일자리를 구하고 유지하는 데 어려움을 겪게 될 비만 성인으로 성장할 위험이 증가한다.[11]

변화하는 식단

식단은 지난 수십 년간 변화해왔고 지금도 변화하고 있다. 전체적으로 보면 더 많은 열량을 섭취하는 추세이며, 세계적으로 식단의 영양과 환경 지속가능성, 공평성은 줄어들었다. 세계 식량공급 데이터에 따르면, 1960년에는 세계적으로 평균 한 사람이 하루에 대략 2,200칼로리를 섭취했다. 현재는 2,800칼로리를 섭취한다.[12] 그리고 미국인은 하루에 평균 3,600칼로리를 섭취한다. (하루 섭취 권장량은 2,100칼로리다.) 섭취 열량이 이처럼 증가하게 된 주 원인은 지난 20년간 1회 식사량이 2배로 늘었기 때문이다.

우리는 현재 너무 많은 열량을 섭취할 뿐 아니라 조악한 음식에서 그 열량을 얻고 있다. 신선한 과일과 채소, 견과류, 씨앗류, 콩류, 통곡물 등 좋은 음식을 충분히 섭취하지 않는다.[13] 오히려 동물성 가공식품, 기름, 설탕이 들어간 음료, 설탕과 몸에 나쁜 지방과 소금 범벅인 초가공 즉석조리식품을 점점 더 많이 소비하는 추세다. 이러한 초가공 '쓰레기' 음식으로는 어떤 것이 있을까? 투명한 셀로판지로 예쁘게 포장한 케이크와 인스턴트 누들, 사탕, 치킨너겟 등이다. 전 세계 어디를 가건 가게마다 이런 식품이 즐비하지만, 특히 아시아와 남미에서 점점 더 판매가 늘고 있다.[14]

환경에 큰 부담을 주는 음식의 수요도 세계 곳곳에서 증가하고 있다.[15] 소고기, 양고기, 양식새우, 치즈 등 동물성 식품은 생산과정에서 많은 양의 탄소를 배출한다. 치즈와 양식새우는 1킬로그램을 생산하는 데 물 1톤이 쓰인다. 소고기나 유제품, 돼지고기, 가금육 등의 동물성 식품은 그 찌꺼기에서 나온 많은 영양분이 하천과 생태계로 유입되어 (부영양화 현상으로) 녹조 등 각종 위험한 문제를 일으키며, 해양생물의 생명을 위협한다. 전 세계 육류 소비수요는 1960년대에 1인당 연간 20킬로그램에서 현재 45킬로그램으로 증가했다. 육류 소비량을 결정하는 가장 큰 요인 중 하나가 돈이다. 호주와 유럽과 북아메리카가 육류를 가장 많이 소비하는 지역으로, 평균적으로 한 사람이 연간 100∼115킬로그램의 육류를 소비한다. 반면 (우유와 달걀을 먹는) 락토-오보 채식주의자가 많은 인도는 1인당 연간 육류 소비량이 4킬로그램에 불과하고, 에티오피아도 10킬로그램을 넘지 않는다.

　동물성 식품의 이러한 소비 추세는 누가 이러한 '고급스럽고' 비싼 식품에 접근할 수 있는가 하는 불평등의 문제를 확연히 드러낸다. 도시화가 진행되고 소득이 늘수록 더욱 다양한 음식을 공급받으려는 수요도 커지기 마련이다. 식품의 종류가 많아지기를 원할 뿐 아니라 조리방법도 더욱 다양해지길 요구한다. 부유해질수록 건강한 식사를 하거나 혹은 자신의 선택에 따라 건강에 나쁜 식사를 할 수 있는 선택지가 늘어난다. 가난한 사람은 선택지가 제한되어, 흔히 주식으로 삼는 곡물이나 상온보관하는 가공식품에서 더 저렴하게 열량을 섭취할 수밖에 없다. 저소득 가정에서는 '건강에 좋은' 식단은 엄두도 내지 못한다. 유기농 식품이나 직판장, 특산물은 재정적으로 접근이 불가능하다.

　지금의 식단 변화를 이끈 주된 요인은 세계화와 무역, 도시화, 소득증대 등이다. 무역이 늘고 세계화가 진행됨에 따라 인프라 네트워크가 발전하고 여러 나라가 협정을 맺으며 더 많은 식품을 외딴 곳을 포함해 전 세계로 실어 나를 수 있는 식량 공급사슬이 구축되었다. 멕시코도 지난 30년간 엄청난 식단 변화를 겪었다. 옥수수와 콩 위주의 전통식단이 미국을 그대로 닮은 식단으로 바뀌었다. 멕시코의 청량음료 소비량은 현재 세계 최고 수준이다. 멕시코의 식품환경이 변한 데는 자유무역 상품이 미국에서 멕시코로 흘러 들어갈 수 있게 만들고 멕시코의 식단 변화와 비만 발생속도를 높인 북미자유무역협정(North American Free Trade Agreement, NAFTA)에도 일부 책임이 있다고 할 수 있다(캐나다는 멕시코와 같은 변화를 겪지 않았으므로 전적인 책임이라고 할 수는 없다).[16]

　번성한 원주민 공동체가 다채롭게 모여 사는 브라질의 아마존 지역은 지난 10년간 큰 변화를 겪었다. 무역협정과 세계화 바람을 타고 아마존강 유역에 들어선 다국적기업이 구동력이 되어, 아마존의 풍부한 생물다양성에 토대를 둔 전통식단이 미국 식단의 가장 나쁜 특징을 모방하는 쪽으로 방향을 튼 것이다.

소득과 일상이 변화하면 음식 취향도 영향을 받는다. 가처분소득이 증가하면 사람들은 식량 외에 다른 것도 구매할 여력이 생긴다. 그들은 열심히 일해서 번 돈으로 다양한 방식으로 조리된 다양한 식품을 구매한다. 네팔에서 여성이 아침에 (렌틸콩 수프를 끓이고 밥을 짓는) 전통음식 달바트를 준비하려면 많은 시간이 소요된다. 이 영양가 높은 네팔의 전통음식이 인스턴트 누들로 대체되고 있다. 값도 싸고 불과 몇 분이면 조리가 끝나는 데다 아이들도 좋아하고 엄마가 부엌에서 요리하는 시간도 절약되기 때문이다.

점점 늘어나는 도시화도 생활방식의 변화로 이어진다. 부부가 모두 일자리를 얻어 나가서 일을 하고, 가정경제의 서비스 의존율이 증가한다. 요리하는 시간은 줄고 외식이 늘며, 동네 식료품점보다 훨씬 더 큰 대형마켓에서 상품을 구매한다. 1990년에는 중남미 인구의 10~20퍼센트 정도만 대형마켓을 이용하고 대부분은 지역의 작은 시장을 이용했다. 하지만 많은 나라에서 눈에 띄게 도시화가 진행되면서 10년간 50~60퍼센트로 증가했다. 도시에서 주로 의자에 앉아 일하는 사람이 늘고 전체적으로 시골에서 생활할 때보다 육체활동 시간이 줄며 음식 선택이 건강에 주는 나쁜 영향도 더 커졌다. 대중교통이나 자동차를 이용하는 도시인은 걷거나 자전거를 탈 기회가 별로 없기 때문에 열량소모량도 감소한다. 예를 들어 과거 자전거 천국이던 중국은 엄청난 도시 성장과 함께 지금은 대부분 인구가 자동차를 운전하거나 대중교통을 이용하는 나라가 되었다. 더군다나 중국의 소득 증가는 열량섭취 증가로도 이어졌다.

도시 성장, 소득 증대, 세계화 확산, 바로 이러한 요인이 우리의 식단과 영양결과를 바꾸고 있다. 1990년대 초반에 경제학자 배리 폽킨(Barry Popkin)과 아담 드레브노프스키(Adam Drewnowski)는 (늘 그렇지는 않아도) 대체로 건강한 토착음식으로 구성된 전통식단을 멀리하고 현대적인 식단과 좌식생활로 이동하는 이러한 변화를 '영양전이(nutrition transition)'라고 불렀다. 국가가 산업화하고 식단과 생활방식이 바뀜에 따라 기아와 식량불안에는 덜 시달리는 대신 비만이나 식단 관련 비전염성 질환이 늘어나고 있다. 전 세계 모든 나라에서 이 같은 추세가 확인된다. 중국의 경우도 지난 25년간 기아와 영양실조는 대폭 감소했으나 당뇨와 뇌졸중이 느는 추세다. 도시화의 증가는 당뇨와 비만, 고혈압의 증가로 연결된다.

고소득 국가에서는 두 세기 동안 아주 느리고 점진적으로 영양전이 과정이 진행되었다. 그러나 많은 중저소득 국가에서는 이 영양전이 과정이 몇 세기가 아니라 불과 몇십 년 사이에 이루어졌다. 전 세계 대부분의 국가와 푸드시스템이 급격히 변화하는 지역에서 (BMI, 즉 체질량지수가 25를 넘는) 과체중과 (BMI 30을 넘는) 비만, 비전염성 질환이 영양실조를 대신해 점점 더 큰 건강문제를 일으키고 있다. 이렇게 되면 사람들은 더 오래 살지만 더 많이 질병에 시달리고, 그럼으로써 삶의 질이 떨어지는 결과에 이른다. 이러한 상황에 놓여 있는 국가가 인도와 중국, 태국, 이집트, 중동, 남아프리카공화국, 멕시코 등이다. 중저소득 국가는 소득이 증가함에 따라 중요한 기로에 놓인다. 부정적인 식단 변화가 일어난 다른 나라의 전철을 밟지 않기 위해서는 푸드시스템을 대대적으로 조정하는 의식적이고 결연한 노력이 필요하다.

영양부족과
부적절한 식단

영양부족은 식량불안의 생물학적 결과다. 영양부족은 열량이나 단백질, 지방, 성장과 건강에 필요한 미량영양소를 충분히 섭취하지 못할 때 발생한다. 영양부족에 특히 취약한 이들이 태아와 젖먹이, 5세 이하 아동, 가임기 여성, 노년층이다. 영양부족은 한 사람의 일생 동안, 그리고 대를 이어 영향력을 발휘한다. 영양부족은 아동의 신체발달과 인지발달을 방해하고, 평생 동안 삶의 질을 떨어트리며, 모든 연령대에 걸쳐 감염 저항력을 감소시킨다.

영양부족은 대체로 식량불안을 겪는 사람들의 불충분하고 불균형한 식단의 결과로 나타난다. 주로 식물성 식품을 먹는 중저소득 계층의 식단이 환경적으로 더 지속 가능한 식단이기는 하나, 이러한 식단은 식사의 균형과 구성이 불충분할 경우 건강을 유지하는 데 필요한 다양한 영양소가 부족할 수 있다. 중저소득 계층의 많은 사람이 (옥수수, 쌀, 밀, 감자 등) 곡물이나 줄기작물 위주 식단으로 근근이 살아가지만, 이런 식품은 제대로 가공하지 않으면 소화하기 어렵고 아미노산 프로필도 콩과 견과류 같은 고단백 식물성 식품이나 동물성 식품과는 다르다. 곡물 위주 식단은 성장과 면역성과 인지기능에 중요한 역할을 하는 핵심 미량영양소가 부족하고, (피트산염과 옥살산염 등) 일부 성분은 미량영양소 흡수를 방해하기도 한다.

전 세계 극빈지역 사람들은 전염병이나 (급성 영양실조인) 소모증, (만성 영양부족으로 성장이 저하된) 성장부진에 시달리며, 산모와 유아의 사망률이 높고, 그 외 다른 건강문제의 발생률도 높다. 이런 지역은 가정에 전기나 수도시설이 없고 음식을 불 위에 직접 올려 조리하는 경우가 많다. 가족을 먹이기 위해 구할 수 있는 식품의 종류와 양이 제한되는 데다 다양한 음식을 마련할 수 없는 처지에 환경까지 열악해 심각한 건강문제가 자주 발생한다. 직접 불을 피우거나 메탄가스, 등유, 석탄을 때는 간단한

난로를 이용해 조리를 하는 경우 실내공기가 오염되고
건강을 해치는 오염물질에 노출되어 폐렴이나 만성 폐쇄
성 폐질환 등 각종 건강문제를 일으킬 수 있다.

내가 활동한 말라위와 케냐의 농촌은 그 지역의 주
요 곡물인 옥수수가 대부분인 식사로 모든 끼니를 해결
한다. 르완다 사람들이 주식으로 심은 작물은 카사바다.
뿌리에 타피오카라는 전분이 함유되어 있는 카사바는 탄
수화물이 풍부하고 일부 비타민과 무기질도 갖고 있지만
(잎을 먹으면 단백질도 섭취할 수 있다) 우리 몸에 필요한 모든 것
을 공급해주지는 못한다. 세네갈과 미얀마, 캄보디아는
주식이 쌀이다. 이와 같이 단일식품에 거의 전적으로 의
존해 식단을 꾸미는 공동체는 건강할 수 없다.

식단과 더불어 영양에 중요한 역할을 하는 것이
깨끗한 물이다. 전 세계 인구 중 10퍼센트가 넘는 8억
4,400만 명 정도가 깨끗한 물을 얻지 못한다.[17] 그들은
보호되지 않은 수원지에서 흘러나온 안전하지 않은 물을
마실 수밖에 없다. (유엔이 지정한) 최빈국에서 오염된 식수
와 열악한 위생시설 때문에 발생한 질병으로 사망하는
인구는 한 해 수백만 명에 이른다. 수인성 질병은 그나마
몸에 남아 있던 얼마 되지 않는 영양분마저 앗아 가고 병

을 앓는 동안 먹을 수도 없게 만들어 영양상태와 면역상태를 더욱 악화시킨다. 전 세계 아동 사망의 주요 원인 중 하나가 설사다.

중저소득 국가에서 영양부족으로 병에 걸리거나 사망하는 또 다른 주요 원인은 오염된 식품이다. 따뜻하고 습한 지역에서 발견되는 아스페르길루스 곰팡이의 부산물인 아플라톡신은 간에 심각한 손상을 입히는 독성물질이다. 옥수수나 땅콩, 견과류를 제대로 건조하고 보관하지 않으면 아플라톡신에 오염되기 쉽다. 아플라톡신은 아동의 성장장애와 관련이 있고, 적은 양을 섭취할 경우 위험한 발암물질이 되며, 많은 양을 섭취하면 사망에 이를 수도 있다. 식량공급은 많은 식품매개질병에 원인을 제공하고, 코로나19 등 (동물에서 인간에게 바이러스가 전파되는) 인수공통전염병도 식품에서 비롯되는 것으로 파악된다. 구체적으로 확인되지는 않았으나, 작물에 뿌리는 살충제나 제초제 등의 독성물질도 건강에 장기적인 영향을 미치며, 특히 아동 건강을 위협하는 것으로 추정된다.

유년기 영양부족

만성적인 영양부족에서 가장 흔하게 발생하는 결과가 성
장부진이다. 즉 아동이 그 나이에 도달할 수 있는 신장까
지 자라지 못하는 것이다. 성장이 부진한 5세 아동의 키
는 정상적인 친구에 비해 평균 10~15센티미터가 작다.
하지만 키가 작은 것보다 훨씬 더 심각한 문제가 있다.
(고백하자면 나도 키가 155센티미터로 평균에 비해 아주 작다.) 성장이
부진한 아동은 또래보다 키가 작을 뿐 아니라 충분한 영
양을 섭취한 친구들에 비해 뇌의 성장이나 기능도 떨어
진다. 전체 국민 중 절반 이상이 타고난 최대치만큼 키가
자라지 못하는 상태가 되면 그 나라의 경제발전이 심각

한 타격을 받는다.

방글라데시나 에티오피아, 네팔 등 성장부진 비율이 높은 나라에서는 성장이 부진한 아동과 그렇지 않은 아동을 구분하기가 정말 어렵다. 사람의 장기를 무섭게 공격하는 에볼라출혈열 같은 질병과 달리 성장부진은 확연히 드러나지 않기 때문에 공중보건 문제로 대중의 인식을 높이기가 무척 어렵다. 전 세계 5세 이하 아동 중 1억 4,000만 명 정도가 성장부진이며, 대부분이 아프리카와 아시아의 아동들이다. 아프리카와 아시아에서는 성장부진 아동의 비율이 30퍼센트가 넘는다.[18]

성장부진이 발생하는 결정적인 요인으로 꼽을 수 있는 것은 임신 전과 임신기, 수유기 산모의 열악한 건강과 영양상태, 모유수유 부족, 산모의 부적절한 식단에 따른 모유 품질 저하, 유아기와 아동기의 열악한 급식, (깨끗한 식수와 하수시설, 위생시설 등이 없는) 건강에 해로운 환경 등이다. 성장부진은 흔히 태내에 있을 때 그리고 아주 중요한 발달초기에 시작된다. 정치, 경제, 환경, 문화 모두 성장부진의 요인으로 작용할 수 있다.

성장부진은 단기적인 영향과 장기적인 영향을 미친다. 단기적으로 성장부진은 직접적인 사망의 주요 원인

으로 작용하지는 않더라도 사망 위험성을 높이고, 장기
적으로는 아동이 성인으로 자라는 동안 건강, 교육, 생산
성에 영향을 미친다. 성장부진은 신장 미달뿐 아니라 (직
접적인 원인은 아닐지라도) 인지장애와 운동기능 저하, 면역기
능 손상과도 연관이 있다. 그에 따라 성장부진이 성인기
의 소득감소와 비전염성 만성질환 발병률 증가로 이어질
수 있다. 그리고 만일 몸에 필요한 영양이 훗날 공급된다
면 그 결과 체중이 늘어 성인비만에 걸릴 위험도 커진다.
실제로 성장부진인 동시에 과체중인 어린이들이 있다.
멕시코와 인도의 농촌에서 이처럼 성장부진과 과체중의
부담을 이중으로 짊어진 아이들이 발견되는데, 산모가
어리거나 사회경제적 지위와 교육수준이 낮거나 키가 작
거나 식구가 많은 가정과 밀접한 관계가 있다.[19]

영양부족의 또 다른 형태인 급성 영양실조는 흔히
소모증으로 나타난다. 소모증은 대체로 자연재해나 물리
적 충격, 춘궁기, 급성 전염병 유행 등 일시적이거나 주
기적인 사건의 결과로 발생한다. 방글라데시의 식량불안
지역에서는 우기가 되면 식단 다양성이 감소하고 가계소
득이 줄며 소모증이 빈번히 발생한다.[20] 소모증은 신체
가 비축해둔 지방과 근육, 조직을 남김없이 빠르게 소비

하는 현상으로, 소모증을 앓고 난 다음에는 성장이 멈춘다. 5세 이하 아동 중 소모증에 시달리는 아이는 전체의 10퍼센트로, 대략 5,000만 명 정도다.[21] 세계적으로 소모증을 앓는 아동보다 성장부진을 겪는 아동이 더 많지만, 아동이 사망할 위험은 성장부진보다 소모증이 더 크다.

영양부족은 세대를 넘어 영향을 끼친다. 인도와 네팔, 방글라데시에서 영양부족의 대물림 현상이 자주 나타난다. 여성이 영양부족 상태에서 임신하면 저체중아를 출산할 확률이 높고, 저체중아는 성인기에 만성질환에 걸릴 위험이 크다. 어릴 적에 적절한 영양과 보살핌을 받지 못한 아동은 불행한 삶의 길에 들어서게 된다. 성장이 부진한 아동은 학업을 마치는 데 어려움을 겪는 성장부진 청소년이 되어, 결국에는 생활비를 벌 기회까지 줄어든다. 여자아이가 성장부진 성인으로 자라면 성장부진 아이를 낳을 가능성이 커진다. 더욱이 아동에게서 성장부진이 발생하는 시기가 빠르면 빠를수록 장기적인 영향도 점점 더 커진다.[22] 이는 종신형을 받는 것과 다름없다.

영양부족 현상은 한 국가의 역사를 담은 사진과도 같다. 동티모르의 높은 성장부진 비율은 오랜 분쟁과 식민지배, 점령의 역사를 반영하는 것이다. 동티모르는 수백 년 동안 포르투갈의 지배를 받으며 저항운동을 펼친 끝에 1975년 말 드디어 독립을 쟁취했다. 하지만 곧 인도네시아가 다시 동티모르를 침략해 점령했다. 동티모르 사람들은 용감히 싸웠고 결국 1999년에 독립을 되찾았지만, 인구의 25퍼센트 이상이 독립투쟁 과정에서 사망한 다음이었다. 완전한 독립을 회복한 2002년부터도 수년간 소규모 분쟁이 여러 차례 발생해 유엔 평화유지군의 개입이 있었다. 동티모르가 평화와 안정을 누리며 지도자들이 국민의 삶과 식단 개선에 신경을 쓰기 시작한 시점은 겨우 몇 년 전이다. 이제 더 이상 분쟁 없는 동티모르에서 앞으로 성장부진의 발생이 줄어들기를 바란다.

아프가니스탄과 예멘, 마다가스카르, 네팔, 모잠비크, 소말리아, 콩고민주공화국 등 성장부진의 부담이 대단히 큰 다른 국가들도 동티모르와 비슷하게 내전이나 전쟁 등 분쟁의 연속이거나 또는 이제 막 분쟁을 끝내고 회복 중이다. 하지만 영양부족이 분쟁의 필연적인 결과는 아니다. 네팔은 분쟁이 끝난 이후에도 계속해서 소득 수준이 낮았지만, 지난 10년간 국민의 성장부진 발생비율이 놀랄 만큼 크게 감소했다.

존스홉킨스대학교의 스웨타 마노하르(Swetha Manohar)

박사는 네팔 국민의 성장부진 비율이 큰 폭으로 감소한 이유를 이렇게 설명한다.

2006년 내전이 끝나며 농촌개발에 대규모 투자가 이루어져 도로가 건설되고 보건시설과 학교가 재건되며 이런 시설에 대한 지역사회의 접근이 확대되었습니다. 집집마다 화장실을 설치하는 등 하수시설 개량사업도 강력하게 추진했죠. 하지만 이런 발전 과정에서 빼놓을 수 없는 존재가 바로 해외로 무수히 이주한 네팔인입니다. 이들이 해외에서 번 돈을 고국의 가족에게 송금하며 가계 자산과 네팔 GDP 증가에 이바지했죠. 교육, 건강, 생계수단의 다양화, 생활수준 향상에 투자할 수 있도록 각 가정의 소득에 지대한 영향을 미친 것이 바로 이들이 송금한 돈입니다.[23]

이런 모든 변화가 직간접적으로 네팔의 성장부진 발생률을 줄이는 데 기여했지만, 부유한 가정과 가난한 가정에서 동등하게 아동의 성장부진 발생률이 감소한 것은 아니다. 마찬가지로 도시와 농촌 사이, 인종과 카스트로 구분되는 다수집단과 소수집단 사이, 그리고 정식으로 교육을 받은 가정과 그렇지 않은 가정 사이에도 차이가 나타났다. 가난한 가정과 농촌, 소수집단, 교육받지 못한 가정에서 아동의 성장부진 발생률의 감소가 더뎠으며, 이런 집단이 더 많은 특권을 누리는 비교집단보다 성장부진의 부담을 더 많이 짊어졌다.

비만

영양실조의 또 다른 형태가 바로 비만이다. 비만은 지구상 거의 모든 나라를 괴롭히는 문제이며, 대체로 식습관 변화와 좌식생활, 도시화에 따라 전 세계적으로 비만 발생률이 증가하고 있다. 미국과 영국에서는 지난 30년 동안 성인 비만율이 3배나 증가했다. 미국의 성인 세 명 중 한 명 이상이 비만이다. 전 세계 성인 중 21억 명이 과체중이고, 그중 6억 7,800만 명이 비만이며, 그에 비해 저체중 성인은 4억 6,200만 명이다.[24] 2000년에는 5세 이하 아동 중 3,000만 명이 과체중이었지만, 현재는 대략 3,800만 명으로 늘었고, 과체중 아동 중 3분의 2가 중저소득 국가에 살고 있다.

이처럼 만연한 비만이 인류 건강에 큰 타격을 주고 있다. 과체중 아동은 훗날 심장질환이나 2형 당뇨병에 걸릴 위험이 크다. 성인의 당뇨병 발생률은 1980년부터 2014년 사이에 81퍼센트나 급증해, 환자가 4억 2,200만 명으로 늘어났다.[25] 의료비 지출과 생산성 감소, 사망, 영구장애 등 세계적으로 비만과 관련해 1년에 발생하는 손실이 세계 GDP의 2.8퍼센트인 2조 달러로 추산된다.[26]

음식을 과다섭취하는 것이 반드시 음식에 대한 의식적인 선택으로 이루어지는 것은 아니다. 가정, 직장, 학교의 환경이 점점 더 사람들을 과식하고 제대로 먹지 못하도록 만들고 있다. 특히 중고소득 국가에서 사회적 혜택을 받지 못하고 취약한 빈곤층이 비만을 부추기는 식품환경에 노출되는 경우가 많지만, 저소득 국가에서도 이런 추세가 빠르게 자리 잡고 있다. 식사와 곁들여 감자튀김을 먹는 것처럼 건강에 나쁜 습관이 자동적인 반응으로 나타날 수 있다. 흔히 이런 반응을 촉발하는 것이 바로 눈앞의 환경에서 보이는 암시나 '넛지(nudge)'다. (사탕이 놓인 계산대처럼) 식료품점의 상품진열 위치나 식당의 쟁반과 접시 크기, 1+1 판매 등이 그것이다. 이런 반응이 계속 반복되고 강화되면 건강에 나쁜 습관을 버리고 체중을 줄이는 것이 지극히 어려운 일이 된다.

현재의 푸드시스템은 건강에 나쁜 초가공식품을 거의 모든 곳에 공급한다. 철물점, 주유소, 서점 등과 같이 전통적인 푸드시스템을 벗어난 장소에서도 식품을 판매하고, 사람들은 특히 유통기한이 긴 초가공식품을 딱히 배가 고프지 않아도 충동적으로 구매한다. 포장식품이나 식당 음식, 테이크아웃 음식의 한 끼 분량은 증가했지만, 가격은 상대적으로 하락했다. 그 반면 신선식품의 가격은 상승했다. 그래서 특히 중저소득 국가나 신선식품을 대부분 수입하는 나라에 사는 가난한 사람들의 부담이 증가했다. 산업화한 현대의 푸드시스템에서는 소비자가 현란하게 진열된 다양한 상품 속에서 올바른 식품을 선택하는 어려움이 점점 더 커지고 있다. 게다가 소비자에게 전달되는 건강과 영양에 관한 정보도 불충분하고 모순된 내용이 많다.

영양부족은 장내 미생물군집, 즉 마이크로바이옴(microbiome)을 질병 위험성이 높아지도록 변화시킬 수 있다. 미생물군집은 진균과 세균, 바이러스 등 다양한 미생물이 무수히 모인 공동체다. 건강한 사람의 몸에서는 이

러한 미생물이 아무런 해를 끼치지 않고 인간과 공생한
다. 미생물은 위장관과 귀 뒤, 겨드랑이 등 우리 몸 곳곳
에 살고 있다. 미생물군집은 사람마다 모두 다르다. 우리
는 어머니의 자궁에 있을 때부터 미생물군집에 노출된
다. 환경적 요인과 식단이 이 미생물군집을 변화시키고,
미생물군집의 균형이 바뀌는 정도에 따라 우리의 건강이
좋아지기도 하고 나빠지기도 한다. 유년기에 장내 미생
물군집이 파괴되면 비만을 비롯해 각종 대사증후군이 발
생할 수 있다. 말라위와 방글라데시에서 연구한 결과, 아
동의 미생물군집 구성이 파괴될 경우 소모증이 발생하는
것으로 확인되었다. (식품에 포함된 소화가 되지 않는 식물성 섬유
질인) 프리바이오틱스나 (식품에 포함된 살아 있는 세균 배양균인)
프로바이오틱스 성분을 함유한 식품은 미생물군집을 키
워 면역력을 높이고 혈당과 콜레스테롤을 조절하는 데
도움을 준다.[27]

　　내게서 박사 후 연구과정을 지도받고 현재 러트거스
대학교에서 식품환경을 독창적으로 연구하는 쇼나 다운
스(Shauna Downs) 교수와 함께 미얀마에서 공동작업을 진
행한 적이 있다. 우리는 도시와 농촌의 식단이 어떻게 변
하고, 그것이 비만에 어떤 영향을 미치는지 연구했다. 미

얀마는 60여 년간 내전에 시달린 뒤 2010년부터 개방적이고 지속가능한 발전의 길을 걷고 있다. 하지만 최근 경제성장과 더불어 영양부족과 비만도 증가했다. 현재 미얀마 여성의 30퍼센트가 비만이고, 29퍼센트의 아동이 성장부진이다. 미얀마 사람들의 식단은 다양하지만 대체로 품질이 낮다. 초가공식품이나 음료보다 과일과 채소, 붉은 고기를 즐긴다고 하지만, 지방과 나트륨 함량이 높은 길거리음식을 먹는 사람이 많다. 값싸고 편리하고 만족스럽기 때문이다.[28] 쇼나 교수와 함께 미얀마 노점상에서 맛있는 카레 요리를 주문해 정신없이 먹고 나니 그릇 바닥에 기름이 3~5센티미터 정도나 고여 있었다. 미얀마 사람들은 길거리음식이 아주 기름지게 변한 것을 지난 20년간의 큰 변화 중 하나로 꼽는다. 양곤에 미얀마 최초로 패스트푸드 식당인 켄터키프라이드치킨 매장이 문을 열자 젊은이들이 매장 앞에 길게 줄을 서서 기다리며 정신없이 셀카를 찍어댔다고 한다.

비만과
영양부족의 이중부담

언뜻 이해되지는 않겠지만, 영양부족과 비만은 공존할 수 있다. 한 사람에게서 영양실조의 두 가지 형태인 영양부족과 비만이 동시에 일어나거나 평생에 걸쳐 다양한 형태의 영양실조가 발생할 수도 있다. 한 가정에서도 가족이 서로 다른 형태의 영양실조에 걸릴 수도 있다. 공동체나 지역사회, 국가도 마찬가지다.[29]

영양부족과 비만은 생물학적·생리학적으로 서로 연결된다. 산모의 영양부족이나 비만 그리고 산모가 노출된 환경과 식단이 태아에 영향을 미칠 수 있으며, 아이에게 발생한 유전적이고 생리학적인 변화가 성인기에 나타날 수도 있다. 에너지가 불충분한 식단에 따른 영양부족이 대를 물려 반복된다. 만일 산모가 어린 시절 영양부족이었다면 태아의 초기성장과 발달에 나쁜 영향을 미쳐 그 아이가 유년기와 청소년기에 성장부진을 겪을 가능성이 높아진다. 성장부진이 발생하는 시기가 빠를수록 훗날 비만이 될 위험성도 커진다.

심리사회적 스트레스, 수면 부족, 신체활동 부족 등 여러 환경적인 요인과 더불어 건강하지 못한 식단에 노출된 과체중의 산모가 낳은 아이는 조기 비만 발생 위험이 높다. 많은 지역과 국가에서 경제적인 변화와 세계화 및 도시화가 진행됨에 따라 영양전이가 일어나고 사람들이 영양부족과 비만에 이중으로 시달리고 있다.

최근 몇십 년 사이에 급증한 영양부족과 비만의 이중부담이 질병발생률과 사망률, 의료비의 상승을 이끌고 있다. 영양부족이 사람들을 비만에 걸리기 쉽게 만들고, 비만이 영양부족을 부추기는 악순환이 발생한다. 이런 효과들이 결합하면 빈곤과 건강저하의 악순환이 끝없이 반복될 수 있다.

미량영양소 결핍

필수비타민과 무기질 섭취가 부족하면 '숨은 굶주림'으로 알려진 미량영양소 결핍증이 나타날 수 있다. 미량영양소 결핍은 나이와 상관없이 모든 사람에게 발생해 여러 가지 생물학적 기능에 장애를 준다. 인지장애나 성장장애, 면역기능장애 같은 일반적인 증상부터 (비타민C 결핍으로 인한) 괴혈병처럼 특정한 질환까지 다양한 질병이 생길 수 있다.

생후 6개월부터 5세까지의 전 세계 아동 중 최소한 절반이 한 가지 이상의 미량영양소 결핍에 시달린다. 나라별로 진행된 조사를 바탕으로 계산해보면 전 세계 남녀노소 20억 명 이상이 미량영양소 결핍으로 추정된다.[30] 부적절한 식단, 열악한 하수시설과 위생시설, 무너진 공중보건체계 등이 모두 심각하고 복합적인 미량영양소 결핍을 유발하는 요인으로 작용한다.

　　세계보건기구(World Health Organization, WHO)는 빈혈이 널리 퍼져 공중보건 문제가 중증도 이상으로 심각한 나라가 153개국이라고 발표했다.[31] 가임기 여성 세 명 중 한 명이 혈중 헤모글로빈 농도가 비정상적으로 낮은 빈혈 환자이며, 그 영향은 평생 지속될 수 있다.[32] 임산부가 빈혈을 앓으면 산모 사망과 조산, 저체중아 출산, 태아 기형과 사망의 위험성이 높아진다. 빈혈은 철분 결핍이 발병원인이지만, 혈액질환이나 생리 과다출혈 등의 문제로도 발생할 수 있다. 철분은 몸 안에서 산소운반과 세포호흡을 담당하는 성분으로, 철분이 없으면 뇌와 근육세포가 움직이지 못한다. 어린이의 철분 결핍은 인지기능 저하와 학업수행능력 저하로 이어진다.

　　결핍되기 쉬운 또 다른 미량영양소는 아연, 비타민A, 요오드, 엽산, 비타민B12, 그리고 그 외의 비타민B군이다. 비타민A가 부족하면 안구건조증과 야맹증이 생기고, 감염 위험성이 높아지며, 임산부와 아이의 사망률이 증가한다. 아연이 부족하면 식욕부진과 성장부진, 상처 치유 지연, 탈모, 설사 등의 증상이 나타난다. 요오드 결핍은 (갑상선종인) 갑상선비대증과 (대사작용에 영향을 주는) 갑상선호르몬 저하증, 그리고 성장과 발육 저하 등을 일으킨다. 미량영양소 결핍의 이러한 심각한 영향을 보면, 건강한 식단뿐 아니라 우리 몸에 필요한 각종 미량영양소를 공급해주는 다양한 식단이 얼마나 중요한지를 알 수 있다.

사회적 규범과
문화적 전통

국가적인 그리고 세계적인 다양한 세력이 우리의 식단과 푸드시스템의 불평등에 영향을 미치지만, 다른 한편으로 식단은 사회의 관습이나 신념에 따라 결정되기도 한다. 즉 그 사회의 지식, 전통, 그리고 사람과 문화의 규범 등이다. 조리법, 음식 전통, 식습관 문화는 한 사람의 유산을 반영하기도 한다. 지중해식 식단과 북유럽식 식단, 일본식 식단은 각 지역과 전통에 따라 구성된다. 이런 지역적 식단은 더 큰 국가적 푸드시스템의 일부분이다. 그 지역에서 자주 소비하는 익숙한 음식은 사회적 전통과 규범을 지키는 데 중요한 역할을 한다. 할랄(halal, 이슬람 율법

에 따라 무슬림이 먹고 쓸 수 있도록 허용된 제품의 총칭-옮긴이)이나
코셔(kosher. 전통적인 유대교의 율법에 따라 식재료를 선택하고 조리한
음식의 총칭-옮긴이)를 엄격히 지키는 사람들의 경우에서 볼
수 있듯이 종교도 음식을 소비하는 가치관과 관습을 형
성한다.

이탈리아계 미국인 (가톨릭교도) 가정인 우리 집은 사
순절 기간에는 금요일에 고기를 먹는 법이 없었다. 사순
절 기간 금요일 저녁마다 우리가 먹던 주식은 생선이었
다. 그러던 내가 2008년부터 2012년까지 에티오피아 북
부에서 활동하게 되면서 에티오피아정교회의 금식을 약
간 변형해서 실천했다. 일주일에 한두 번은 고기와 유제
품과 달걀을 먹지 않았고, 기간을 늘려 1년 내내 이런 음
식을 멀리하기도 했다. 먹는 음식의 종류, 음식을 준비하
고 조리하는 방법, 그리고 음식을 먹는 방법은 전 세계
수많은 전통과 종교와 문화의 토대를 이루는 것이다.

특별한 행사가 있거나 기념일이 오면 특별식을 준비
하기도 한다. 사하라 이남 아프리카는 대부분의 농촌이
매우 가난하지만, 고인을 기리거나 결혼식을 준비할 때는
상당한 시간과 재원을 들이는 공동체가 많다. 그래서 대
체로 이런 행사는 주민들이 동물성 식품 등의 고급 음식

을 마련할 재원을 부조할 수 있는 시기에 최대한 맞춰서 열린다. 이런 관습이 사회적 전통을 유지하고 강화한다.

음식의 규제나 금기, 규칙이 유아기나 유년기 등 생애 특정한 시기와 연관되기도 한다. 임산부나 수유하는 여성은 건강에 좋지 않으니 카페인이나 술, 생선을 피하라는 이야기를 자주 듣는다. 아프리카 서부와 동부의 일부 지역에서는 여성에게 달걀을 먹지 말라고 권고하기도 한다. 달걀을 먹으면 불임이 될 수 있다는 것이다.

향후 몇 년 안에 우리의 푸드시스템은 중대한 도전에 직면할 것이다. 푸드시스템의 주요 목표 중 하나는 세계 인구에 더 건강한 식품을 공급해 영양실조를 예방하고 모든 사람이 건강한 식단을 누리도록 하는 것이다. 지금처럼 세계 모든 나라가 저마다 복합적인 영양실조의 부담을 지는 푸드시스템이 앞으로도 계속된다면 지구의 건강을 '되살리는' 일은 대단히 어려워질 것이다. 건강한 인간 없이는 건강한 지구도 없고, 지구의 건강이 나빠지면 인간의 건강도 나빠진다. 지구의 건강과 인간의 건강은 떨어질 수 없는 관계다. 이 둘을 함께 묶는 끈이 바로 우리의 식단과 그 식단의 출발점이 되는 푸드시스템이다.

지구의 건강을 되살리려면 푸드시스템을 점점 더 위협하고 있는 기후변화 문제를 해결해야만 한다. 다음 장에서 이를 자세히 살펴볼 것이다. 저명한 공중보건 전문가인 보이드 스윈번(Boyd Swinburn)과 빌 디츠(Bill Dietz)는 영양부족과 비만과 기후변화가 겹치는 상황을 '신데믹(syndemic)'으로 진단했다.[33] 두 가지 이상의 팬데믹이 시공간적으로 연결되어 사회적·경제적 요인에 따라 확산하고 있다는 것이다. 스윈번 교수는 이 신데믹을 21세기 인류와 환경과 지구의 건강을 위협하는 가장 큰 문제로 평가했다.

캄보디아에서
카레를 요리하면
텍사스에서
토네이도가 발생할까?

2018년 1년 동안 로마에 머물며 FAO에서 일한 적이 있다. FAO는 푸드시스템과 농업을 담당하는 중요한 유엔 기구로 지구촌의 기아를 추적하고 해결하는 임무를 맡고 있다. 전 세계의 기아는 15년간 꾸준히 감소하다 2017년을 기점으로 다시 증가하기 시작했다. FAO에서 일하는 동안 나는 기아 감소 추세가 역전한 이유를 찾기 위해 동료 연구원들과 수없이 많은 논의를 벌였다. 그러면서 서서히 깨달았다. 매년 기아를 증가시키는 두 가지 중요한 요인이 바로 분쟁과 기후변화다.

전에 없던 새로운 시기가 도래했다. 커다란 진전을 이룬 후에 우리는 다시 후퇴하기 시작했다. 기후변화와 분쟁, 그리고 그에 따른 식품가격 폭등이 더 많은 사람을 기아와 건강악화의 위험으로 내몰고, 그런 부정적인 결과가 계속하여 증가할 수 있다는 사실을 깨닫는 것은 큰 충격이었다. 하지만 더 충격적인 것은 이런 결과가 미래에 반복해서 일어나고 또 일어날 수 있다는 사실이었다.

쌍방향 관계

기후변화는 푸드시스템의 모든 측면에 영향을 준다. 이대로 내버려 두면 2050년까지 10년마다 식량 생산량이 2퍼센트씩 감소하고, 그 이후에는 훨씬 더 가파르게 감소할 것이다.[1] 또 푸드시스템 안에서 이루어지는 모든 활동은 전체 환경체계에 영향을 미친다. 푸드시스템과 (더나아가 우리의 식단과) 환경은 떼려야 뗄 수 없는 관계로 서로 얽혀 있다.

현재 우리는 인류세라는 지질시대에 살고 있으며, 인류세에 지구온난화와 해수면 상승, 동식물 멸종, 서식지 손실에 가장 큰 영향을 주는 존재가 우리 인간이다.

이제껏 인류세의 환경변화를 일으킨 주요 원인은 농업이었다. 전 지구에서 육지의 37퍼센트와 담수의 70퍼센트가 농업에 쓰인다.[2] 영양분 유실의 가장 큰 원인이 농업이며, 이로 인해 녹조와 산소극소대역(산소가 거의 없는 해양 대역-옮긴이)이 발생하고 지구 담수 및 해양 생태계가 산성화한다. 이런 변화와 더불어 농사를 짓기 위한 삼림개간이 가속화되면서 인류세의 중요한 사건 중 하나가 일어났다. 바로 1970년 이래 지구상 포유류와 조류, 어류, 파충류, 양서류의 종 수가 평균 60퍼센트나 감소한 대량 멸종 사건이다. 현재 (동물사육을 포함해) 농업이 배출하는 온실가스가 전체 온실가스 배출량의 11~24퍼센트를 차지한다.

만일 우리가 지금처럼 '태연하게' 천연자원과 환경 전체를 해치는 궤도를 계속 따라간다면 우리의 푸드시스템은 비극적이고 회복할 수 없을 정도로 무너질 것이다. 농지개간을 위한 삼림 파괴가 이대로 계속되면 생물지구화학적 체계의 생태 파괴로 이어지고, 이것이 지구 전체 육지와 해양의 산소농도에 영향을 미칠 수 있다. 식물과 곤충, 동물의 생물다양성은 심각하게 감소하고, 푸드시스템과 인간에게 매우 중요한 생태계는 더욱 취약해질

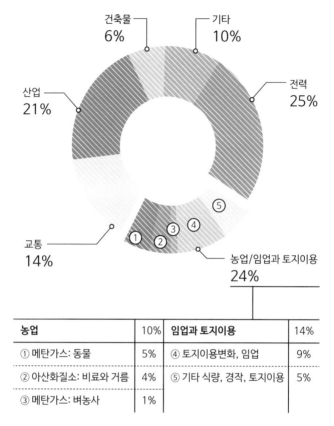

농업	10%	임업과 토지이용	14%
① 메탄가스: 동물	5%	④ 토지이용변화, 임업	9%
② 아산화질소: 비료와 거름	4%	⑤ 기타 식량, 경작, 토지이용	5%
③ 메탄가스: 벼농사	1%		

분야별 온실가스 배출 임업과 토지이용을 포함한 농업 분야가 전체 온실가스 배출량의 24퍼센트를 차지하며, 메탄과 아산화질소처럼 한층 더 유독한 가스도 배출한다. 동물사육과 벼농사에서 배출되는 메탄가스, 그리고 비료·거름에서 배출되는 아산화질소가 전체 온실가스 배출량의 10퍼센트를 차지한다.

출처: 조지프 푸어(Joseph Poore)와 토마스 네메세크(Thomas Nemecek)의 〈Reducing Food's Environmental Impacts through Producers and Consumers〉(2018년 〈사이언스(Science)〉 360권 6392호 p.987~992); 〈Our World in Data〉의 자료(https://ourworldindata.org/environmental-impacts-of-food)

것이다. 기상이변과 식량 부족, 물 부족, (팬데믹을 비롯한) 질병, 각종 기후 관련 질환도 급증할 것이다.

푸드시스템 자체도 기후변화의 영향을 받게 될 것이다. 기후로 인한 기온과 강수량의 변화는 농업생산성과 일부 작물의 영양을 떨어트려 식량 가용성과 소비, 영양공급에 영향을 미칠 것이다. 어떤 지역에서는 농작물의 질병이 증가할 것이고, 추수 후에 저장고나 자루에 담아 보관하는 단계에서 병원균이 퍼져 애써 키운 곡식을 버리는 일도 벌어질 것이다. 이런 상황이 발생하지 않도록 더 좋은 식품 냉장설비를 보다 많이 이용하겠지만, 그 과정에서 더 많은 에너지를 쓰게 될 테고, 우리가 재생에너지원을 적극적으로 개발하지 않는 한 기후변화의 피해는 더욱 커질 것이다. 식량 가용성이 감소함으로써 앞으로 식량 가격은 오를 것이고, 특히 가난한 사람들은 점점 더 식량을 구하기가 어려워지며 사회도 불안해질 것이다. 더 싸고, 더 영양가가 떨어지고, 열량만 높은 잘 상하지 않는 음식 말고는 다른 선택지가 없는 사람들이 늘어나면서 비만과 영양부족 발생률도 증가할 것이다.

기후변화에 직면한 지금, 건강과 환경 지속가능성에 집중하고 식량손실과 음식물쓰레기를 줄이면서 영양을 강화하는 쪽으로 식단을 재조정하는 일은 점점 더 시급해지고 있다. 개인적으로나 국가적으로 식품을 구매하고 섭취하는 습관을 바꿀 필요가 있다. 식품 구매량을 줄이고, 식품의식을 키워 변질로 폐기하거나 쓰레기로 버리는 식량을 줄여야만 할 것이다.

　이런 변화가 결코 쉽지 않아 보이겠지만 우리는 식단과 습관을 바꾸는 일에 조금의 망설임이나 두려움 없이 나서야 한다. 우리가 변화에 잘 적응한다면 인류의 건강과 복지가 향상됨은 물론 미래 세대가 맞이할 지구의 전망도 보다 밝아질 것이다.

농업의 산업화

푸드시스템이 기후에 여러 극적인 영향을 미치게 된 근본원인은 농업의 산업화다. 세계적으로 현대식 농업이 등장한 시기는 20세기 중반이다. 이 시기에 녹색혁명(Green Revolution)이 일어나 특히 저소득 국가를 중심으로 주요 곡물의 생산성이 비약적으로 증가했다. 그리고 이런 농업 혁신 덕분에 저소득 국가에서 늘어나는 인구의 수요를 감당할 수 있었다.

　녹색혁명을 이끈 미국의 저명한 농학자 노먼 어니스트 볼로그(Norman Ernest Borlaug)는 그 업적으로 노벨평화상과 세계식량상을 받았다. 볼로그가 1944년 멕시코에서 시작한 녹색혁명은 인도의 유전학자 M. S. 스와미나탄 (Mankombu Sambasivan Swaminathan)이 가세하며 인도와 남아시아 지역으로 전파되었다. 결과론적인 평가이기는 하지만, 현대 식품과학자와 농학자들은 볼로그가 (스와미나탄과 함께) 이룩한 기술혁신 덕분에 질병에 더 강하고 소출량이 더 많은 갖가지 주요 곡물이 탄생해 인도의 기아 확산을 막고 수많은 생명을 살렸다고 믿는다. 하지만 이 야심찬 녹색혁명으로 인해 환경오염과 토양유실, 비료 과다사용, 지하수 오염 등의 끔찍한 결과가 발생했다고 의심하는 사람들도 있다. 또 녹색혁명으로 많은 공동체가 단일작물 농경방식을 채택할 수밖에 없게 되어 다양한 식량과 작물품종이 뒷전으로 밀려났다고 주장하는 이들도 있다.

다른 산업분야와 마찬가지로 산업형 농업의 토대가 되는 것은 바로 규모와 분업이다. 농장을 효율적인 공장처럼 운영해 고도의 분업화로 생산성을 끌어올리는 것이다. 산업형 농업은 일부 작물만 제한적으로 재배하며, 합성비료나 농약에 의존한다. 세계시장에 공급할 상품작물을 획일적으로 대량생산함으로써 보편적인 식량안보를 확보하는 것이 목표다. 각국의 정부는 생산보조금이나

에너지보조금을 지급하고 자유무역을 규제하며 농업의
산업화를 후원해왔다.

지난 반세기 동안 세계 농업 발전의 핵심은 생산량
을 최대한으로 끌어올리는 것이었다. 이 기간에 세계 곡
물 생산량이 2배 이상 증가해 인구증가 속도를 앞지르
고 광범위한 식량 부족 사태를 막아주었다. 미국에서는
1930년대 이후 옥수수 수확량이 8배나 증가하고, 콩과
면화 수확량은 4배로 늘었다.

산업형 농업이 성공하려면 장비와 인력개발, 마케팅
네트워크, 판매망 등에 대규모 선행투자가 필요하다. 농
장이 이런 투자금을 감당하려면 일반적으로 생산규모를
확대하고 획일적인 상품작물을 대량으로 재배해야만 한
다. 이렇게 산업형 생산방식에 투자한 다음부터는 영양
이 더 풍부한 작물을 다양하게 생산하는 방식으로 전환
하기는 어려워진다.

몇 년 전 인디애나주 퍼듀대학교를 방문한 김에 단
일작물을 대규모로 재배하는 인근 농장을 둘러본 적이 있
다. 그때 만난 농장주는 옥수수와 콩을 재배하고 돼지를
기르는 사업가였다. 이 농장주가 작물다양성을 높이기 위
해서 그의 말마따나 '신종 작물'인 토마토를 재배한다는

것은 엄청나게 위험한 모험이다. (토마토 수확에 꼭 필요한) 외국인 근로자 고용법을 받아들이고, (일정한 크기와 무게를 갖춘 토마토를 출하하기 위해) 상품을 선별하는 장비도 미리 구매하고, (소비자가 '못생긴' 토마토는 구매하지 않으니) 애써 키운 작물의 절반을 버릴 각오를 해야 하기 때문이다. 한마디로 초기투자비에 비해 예상수익이 턱없이 적은 것이다.

변화하는 농업경관과
변화하는 식단

생산량 증대에 치중하며 경제적 성장이 빨라진 동시에 세계 곳곳의 식량안보는 개선되었다. 하지만 이러한 변화가 (인류의) 영양과 (우리 행성 지구의) 환경을 위태롭게 만들었다. 이런 부정적인 영향의 많은 부분이 경작 작물의 획일성에 기인한다. 산업형 농업은 대체로 작물이나 동물의 유전적 다양성을 심각하게 훼손한다. (사람들이 50년 전보다 더 많이 먹기 때문에) 식량공급량은 증가했고, 식량공급 물량의 대부분을 차지하는 것은 (밀, 쌀, 옥수수, 설탕 등) 국제적인 주요 작물들이다. 그리고 특히 기름을 짜는 콩과 야자, 해바라기, 유채씨 등이 광범위한 지역에서 주요 작물로 떠올랐다.

이런 작물이 전 세계 식량공급에서 차지하는 비중이 커지면서 수수, 기장, 호밀, 카사바, 고구마, 얌과 같은 대체 전통작물은 뒷전으로 밀려났다. 이런 대체 작물이 아직 완전히 사라진 것은 아니지만 매일 먹는 식품으로는 매력을 상실했다. (동남아시아에서 쌀을 먹는 것처럼) 고유한 작물 위주로 구성된 전통식단은 시간이 지나며 밀이나 감자처럼 더 일반적인 작물을 포함하는 식단으로 변화했다. 남아메리카의 옥수수 위주 식단이나 사하라 이남 아프리카의 수수·기장 위주 식단 등 세계 모든 지역의 전통식단이 마찬가지 처지에 놓였다.

세계적으로 공급되는 식량이 예전보다 훨씬 더 비슷한 양상을 보이며 작물품종은 한 세기 전과 비교해 대폭 줄어들었다.[3] 남미 콜롬비아의 국제열대농업센터(International Center for Tropical Agriculture)에서 작물다양성을 전문적으로 연구하는 콜린 코리(Colin Khoury)는 이 문제와 관련해 이렇게 주장한다.

만일 우리가 먹는 음식이 곧 우리라면, 지난 반세기 동안에 전 세계 사람들은 훨씬 더 같은 유형의 인간

이 되었을 것 같습니다. 세계화된 음식을 먹는 세계

화된 사람들로 말입니다.[4]

　농업에서 또 하나 중요한 사항이 경제적 성장을 뒷
받침하는 보조금 정책이다. 미국에서는 농업보조금이 영
양에 미치는 영향을 둘러싸고 의견이 분분하지만, 어떤
의견이 옳은지 확실히 입증하는 증거는 없다. 예전의 연
구에서는 보조금을 받는 옥수수와 콩의 과잉생산이 이들
에 대한 소비 증가의 주요 원인 중 하나로 작용해, 비만
인구 증가로 이어진다고 했다. 하지만 다른 주장에 의하
면, 현재 미국의 보조금 정책이 식사 패턴과 비만에 미치
는 영향은 미미하다고 평가하기도 한다. 아무튼 분명한
것은 대부분의 보조금 정책이 종종 식생활 지침과 어긋
나는 농산물에 대한 투자를 부추기고, 더군다나 이러한
식생활 지침도 환경 지속가능성은 거의 고려하지 않는다
는 것이다.

　농업이 산업화함에 따라 사료나 가공식품 재료를 생
산하는 회사 등 특정 공급업체들이 수출시장에 의존하게
되었다. 수출시장에 의존하는 이런 공급업체는 가격변동
성이나 수출입 금지령, 관세, 환경파괴에 따른 재료공급

문제 등에 노출된다. 하지만 정부는 영양이 더 뛰어난 식품을 공급하는 업체보다 이런 공급업체를 정책적으로 더 많이 지원한다. 경제적 잠재력과 열량공급 잠재력이 엄청나게 크기 때문이다. 그 결과는 제한된 몇 가지 작물과 생산자만이 참여하는 푸드시스템이다.

산업형 농업은 자원집약적이며 지구촌 온실가스 배출량의 대단히 큰 부분을 차지한다. 산업형 농업은 토지 개간을 확대시키고 아주 많은 에너지와 비료, 살충제, 물을 투입하기 때문이다. 획일적인 작물 재배로 수확량이 증가한다 해도 어떤 의미로 보면 산업형 농업은 생물다양성과 자연생태계 순환에 피해를 주는 것이다. 농업의 형태를 더 다양화한다면 재해에 대한 저항력과 회복력을 키울 수 있다. 그러나 토양을 비옥하고 건강하게 되살리는 데 들어가는 시간과 비용 때문에 농부들은 선뜻 나서지 못한다. 게다가 앞으로는 도시 확장으로 인해 농지 확장도 어려워질 것이다. 이런 도시화에 따라 2030년까지 전 세계 경작지의 약 2퍼센트가 줄어들 것으로 예상된다. 이렇게 줄어들 경작지의 약 80퍼센트는 아시아와 아프리카에 위치할 것이다.[5]

현재까지 최종적으로 확인된 증거에 따르면 옥수수,

쌀, 밀, 콩과 같은 세계 주요 작물의 수확량은 증가했으나 이미 정체기에 들어섰다.[6] 작물의 생산성은 일정 수준까지만 증가하며, 그 수준을 넘어서려면 반드시 새로운 기술이 필요하기 때문이다. 이런 여러 가지 면을 종합적으로 판단해볼 때 이제 우리는 산업화에서 벗어나거나, 적어도 인간과 환경의 건강을 개선하기 위해 더 많은 노력을 기울여야 한다.

지구온난화

작물의 생산성은 정체기에 들어섰지만 지구는 더 더워졌고, 기온은 계속해서 오르고 있다. 비참한 결과로 이어질 방향으로 기후를 변화시키고 있는 주인공이 바로 우리 인간이라는 종이다.

지금 추세가 계속되면 2030년부터 2052년 사이에 전 세계 기온이 산업화 이전 수준보다 섭씨 1.5도 상승하고, 21세기 말에는 3.2도나 상승할 것이다.[7] 온실가스 배출이 가속화되는 최악의 상황이 발생하면 현재 전 세계 인구의 3분의 1이 사는 지역이 50년 안에 사하라사막의 가장 더운 곳만큼 뜨거워질 것이다. 아무리 낙관적으로

보아도 12억 명의 인구는 이제껏 인류가 쾌적한 기후조
건에서 6,000년 넘게 번성한 '기후 적소'의 바깥에서 살
게 될 것이다.[8] 더불어 해안지대까지 물에 잠기며 사람들
이 더 살기 좋은 곳으로 이주함에 따라 지구의 일부 지역
에서는 인구 압력이 증가할 것이다.

다행히 온실가스 배출량이 극적으로 감소한다 해도
현재 우리의 푸드시스템이 변하지 않는다면 21세기 말까
지 지구 기온은 1.5도 상승할 가능성이 크다. 예상대로라
면 전 세계적으로 뜨거운 날이 늘어나고, 갈수록 점점 더
뜨거워져 적도 주변은 인간의 건강을 위협하는 위험지대
가 될 것이다. 해수면이 상승하며 생물다양성도 심각한
타격을 받을 것이다. 산호초는 거의 사라지고 해양수산
업은 생산량이 감소할 것이다. 기후변화의 영향으로 모
든 나라 모든 사람이 위험에 빠질 것이다.

더 무서운 것은 지구가 티핑포인트에 도달해 지구
시스템 전체가 무너질 수도 있다는 가능성이다. 영구 동
결층의 해빙, 아마존 열대우림의 손실, 서남극이나 그린
란드 빙상의 용해, 주요 해류의 순환중단 등이 그 티핑포
인트가 될 것이다. 그 결과는 인간이 지구 시스템을 통제
할 능력을 완전히 상실하는 것이다. 독일 포츠담기후영

향연구소(Potsdam Institute for Climate Impact Research) 소장이자 포츠담대학교 지구시스템과학 교수인 (내가 요한 록스타라는 애칭으로 부르는) 요한 록스트룀(Johan Rockström)은 이렇게 주장한다.

> 삼림벌채와 기후변화가 우리가 아는 종의 10퍼센트가 서식하는 세계 최대 열대우림 아마존을 위협하고 있습니다. 아마존에서 40퍼센트의 삼림벌채나 단 20퍼센트의 삼림피복 손실만 발생해도 티핑포인트에 도달할 수 있다고 추정됩니다.[9]

애석하게도 아마존 삼림은 1970년 이후 이미 17퍼센트가 사라졌고, 이는 결코 복구할 수 없다.

기후변화로 인해 모든 지역이 똑같이 고통받는 것은 아니다. 안데스산맥과 동아프리카의 산악지대 같은 곳에서는 작물의 성장기가 길어질 수 있다. 기후변화로 카사바 생산량이 증가할 것으로 예상되는데, (많은 아프리카인이 주식으로 그 뿌리와 잎을 먹는) 카사바 나무는 날씨가 따뜻해야 더 잘 자라고 이산화탄소 증가에 긍정적으로 반응하기 때문이다. 하지만 남반구 대부분 지역, 특히 적도 부근 지역에서는 기후변화로 각종 작물의 생산량이 감소하고 수많은 식량 재배지가 바뀔 것으로 예상된다.

이미 식량불안에 허덕이는 지역에서는 기후변화로 인해 식량 가용성이 떨어지며 가격이 더 상승할 것이다. 2019년에 사이클론 이다이가 강타하자 모잠비크 곳곳에 식량불안이 번졌다. 사이클론 이다이는 기후와 관련해 남반구에 휘몰아친 최악의 재난 중 하나였다. 사이클론 이 강타한 뒤 〈뉴욕타임스(The New York Times)〉 홈페이지에 게시된 인터뷰 영상에서 모잠비크 여성이 맨 처음 한 말은 "당장 오늘 저녁에 먹을 것이 하나도 없어요"였다. 앞으로 더 많은 자연재해가 발생하고, 그것이 인간과 식량안보, 식단, 그리고 각 가정에 전보다 더 심각한 영향을 미칠 것이다.

급성 기아와 영양부족은 대부분 분쟁이나 자연재해가 아니라 해마다 반복되는 '춘궁기'에 나타난다. 이 시기가 되면 전에 수확한 곡식은 다 떨어지고, 식량 가격은 치솟고, 일자리는 부족하고, 비도 언제 내릴지 알 수 없게 된다. 그런데 이런 계절적 기아가 기후변화로 인해 더 자주, 더 혹독하게 일어날 것으로 예상된다. 특히 사하라 이남 아프리카의 푸드시스템이 큰 타격을 받을 것이다.

순전히 빗물에 의존해 농사를 짓고 우기에만 비가 내리는 지역이 가장 끔찍한 피해를 보게 될 것이다.

식량 충격은 앞으로 계속 발생할 것이다. 처음에는 건강을 위협하는 급성 충격으로 생각한 코로나19도 시간이 지나며 보건, 경제, 식품 공급사슬 등 각종 체계를 위협하는 장기적인 충격으로 진화했다. 기후변화는 푸드 시스템을 위협하는 장기적인 충격이다. 폭염, 가뭄, 홍수, 한파와 같은 기상이변이 밀과 옥수수, 콩, 쌀 등 주요 작물의 농사를 완전히 망가뜨릴 수 있다고 주장하는 사람도 있다. 기후변화는 전 세계 농경지 곳곳에서 동시에 기상이변이 발생할 위험을 높이고 있다.[10] '곡창지대의 종합적인 흉작'이라고 어떤 이들이 표현한 이런 사건이 앞으로 20년 안에 발생해 수십억 명의 인구가 식량을 구하지 못하는 상황이 벌어질 수 있다.

농업생산과 환경 사이에는 피드백 루프가 작동한다. 농업생산은 기후변화를 가속화하고, 기후변화는 세계 식량 수요를 맞추기 위한 증산을 재촉한다. 이 순환고리를 구성하는 요소 중 하나가 화석연료다. 화석연료를 이용해 만든 비료와 살충제와 농약은 작물의 생산성을 대폭 증가시키지만 동시에 환경에 부정적인 영향을 미친다.

지하수가 오염되고, 토양이 산성화하고, 토양 생물다양성이 손실되고, 하천과 육지에 화학물질이 쌓이는 등 인간과 동물에 치명적인 영향을 줄 수 있다. 이런 부정적인 영향이 결국에는 작물의 수확량 감소로 이어지고, 작물 수확 감소는 다시 생산성 향상을 위한 화학물질 사용 증가로 이이진다. 이 악순환의 고리를 끊기는 상당히 어려울 것이다.

기온은 점점 더 올라가고, 물은 점점 더 줄어들고, 토양과 바다가 산성화하며 농업생산은 확대는커녕 유지하는 일도 더욱 어려워질 것이다. 더위에 지친 식물은 질병에 더 약하기 때문에 수확이 감소하고 해충방지를 위한 농약을 더 많이 뿌려야 할 것이다. 일부 해충은 기온이 상승하면 더 번성해 더 위도가 높은 새로운 지역으로 이주할 것이다.

기후변화로 먹을 식량이 줄고 전체적인 식량의 질도 떨어질 것이다. 대기 중 이산화탄소 농도가 증가하면 광합성률이 증가하고 성장이 촉진될 수 있다. 하지만 성장이 빨라지면 특히 밀과 쌀, 감자, 콩, 배 등 일부 작물은 영양가가 떨어진다. 하버드대학교 지구건강연대(Planetary Health Alliance) 소장이자 지구 환경변화가 인간에게 미치는 영향을 전문적으로 연구하는 새뮤얼 마이어스(Samuel Myers) 교수는 생산성을 더욱 향상시키면 기후변화로 인한 수확감소 효과를 상쇄할 수 있지만, 대체로 그렇게 수확된 작물은 단백질과 철분, 아연 등 인간 건강에 중요한 필수영양소의 함량이 떨어진다는 사실을 증명했다.

식사 패턴을 바꾸지 않으면 고기와 정제설탕, 지방, 기름이 많이 들어간 식사 때문에 전 세계 개간면적이 늘어나고 농업 분야 온실가스 배출량이 2050년까지 80퍼센트 증가할 것으로 예상하는 자료도 있다.[11] 환경이 파괴됨에 따라 농사를 짓는 일이나 천연자원과 생태계 서비스를 이용하는 일이 점점 더 제한되고 어려워질 것이며, 지구도 식량을 생산하는 현재의 방식과 강도를 더는 감당하지 못할 것이다.[12] 그리고 결과적으로 제한된 식단이 인간의 영양과 건강을 지금보다 훨씬 더 심각하게 위협하게 될 것이다.

세계 푸드시스템을 위협하는 충격

푸드시스템은 생산과 가공, 그리고 인구를 먹여 실리는 데 필요한 인프라로 구성된다. 식물과 동물의 품종을 개량하는 일부터 작물과 가축을 기르고, 가공하고, 그렇게 생산된 식품을 포장하고, 운송하고, 소비하고, 남은 유기물과 쓰레기를 처리하는 일까지 모든 것이 푸드시스템에 포함된다. 그리고 그 과정에서 정책 합의나 노동조건, 관개기술, 살충제 개발, 동물복지 혁신, 보존기술, 수송과 유통 기술, 마케팅 전략, 영양기준, 재활용 노력 등 수많은 요소가 작용한다. 이러한 모든 과정을 거치며 일상적으로 문제가 발생하지만, 특히 푸드시스템의 파국을 초래하는 충격으로는 다음과 같은 것들이 있다.

- 노동력과 상품운송에 영향을 주는 전쟁 등 무력분쟁
- 가뭄이나 허리케인 같은 기상이변
- 근시안적인 농경방식. 가뭄에 강한 초목을 지나치게 솎아내거나 제거해 1930년대 미국과 캐나다 대초원에 먼지폭풍이 휘몰아친

일, 소를 키우고 콩을 심을 땅을 개간하기 위해 아마존 삼림을 벌
채해 2019~2020년 사이에 여러 차례 화재가 발생한 일이 모두
근시안적인 농경방식 때문이었다.

· 흉작. 19세기 수백만 명의 아일랜드인이 조국을 떠나거나 기
아에 시달리게 만든 감자 곰팡이병이 악명 높다. 이 기근으로
1846~1851년 사이에 100만여 명이 사망했다.

· 해충. 2020년 여름에 메뚜기 떼가 아프리카와 인도를 덮쳐 풀과
농작물을 모조리 먹어 치웠다. 곡물저장고가 각종 해충 때문에 대
규모 피해를 본 사건은 역사적으로 여러 차례 발생했다.

· 코로나19를 포함한 팬데믹. 근로자는 일터에서 쫓겨나고, 배는 항
구에 발이 묶이고, 육류 가공센터에서 억지로 일한 사람은 병이
나고, 전 세계가 식량 부족에 직면했다.

이러한 충격은 식량 공급사슬과 환경을 무참히 파괴하고 전체
인구를 삶의 터전에서 몇 달, 몇 년, 아니, 몇십 년간 내쫓을 뿐
아니라 수많은 사람을 기아 관련 질병에 시달리거나 굶주려 죽
게 만들 수도 있다. 미국 중서부에 먼지폭풍이 몰아닥쳤을 때는
사람들이 줄지어 캘리포니아로 달아났고, 대기근 당시 수많은
국민이 해외 이주한 아일랜드는 한 세기도 더 지난 지금까지 대
기근 이전의 인구수를 회복하지 못했다.

농업 다양성 감소

산업화의 영향 중 하나가 농업에 이용되는 식물과 동물의 다양성이 꾸준히 감소하는 현상이다.[13] 로마의 국제 생물다양성연구소에 근무할 당시 나는 영양분 일람표를 작성하며 식단과 영양을 위해 지구의 생물다양성을 지속 가능하게 이용하고 보존할 방법을 연구했다. 협업한 로셀린 르망(Roseline Remans)과 파브리스 드클레르크(Fabrice DeClerck)는 과학의 지평을 확장해 생물다양성과 생태계가 지구의 전망은 물론 인간의 건강과 미래 세대 행복에 얼마나 중요한지를 연구하는 젊은 과학자였다.

국제생물다양성연구소에서 협업하는 동안 우리는

일명 '인류 최후의 날 저장고(Doomsday vault)'라고도 알려진 노르웨이의 스발바르국제종자저장고(Svalbard Global Seed Vault)를 관리하는 세계작물다양성재단(Crop Trust)과도 협력했다. 안전장치를 갖춘 종자은행은 세계 작물의 유전자 다양성을 보호하는 안전금고다. 자연재해나 인공재해로 멸종할 위험에 대비해 다양한 식품의 갖가지 종자를 저장 및 보존한다. 현재 식물 5,000종의 종자 샘플 93만 개를 보관하고 있으며, 최대 450만 개의 종자 샘플을 보관할 수 있다고 한다.

인류 역사상 인간은 대략 7,000종의 식물을 식량원으로 이용해왔으며, 이와 더불어 다양한 종류의 동물과 균류, 조류, 효모, 세균 등도 식량원으로 삼아왔다. 하지만 지난 세기 동안 인간은 의식적인 선택에 따라 농업체계의 다양성을 대대적으로 축소시켰다. 지구상에 먹을 수 있는 식물이 5만 종이 넘지만, 그중에서 겨우 열다섯 가지 작물이 세계 인구의 열량수요 90퍼센트를 해결한다. 더 심각한 사실은 쌀과 옥수수와 밀, 이 세 가지 작물이 전 세계 식품 에너지 섭취량의 3분의 2를 차지한다는 것이다. 한 세기 전만 해도 종묘상에 가면 다양한 영양을 제공하고, 위기에 강하며, 기후에 적응하는 작물이 무수히 많았다.

지금은 사정이 달라졌다. FAO의 발표에 따르면 (다음에 자세히 다룰 어류를 제외하고) 겨우 12종의 곡물, 23종의 채소, 35종의 과일과 견과류, 5종의 동물이 전 세계 농업 지형을 점령했다고 한다. 그리고 이 12종의 작물이 전 세계 농지의 75퍼센트를 차지한다. 인도에서는 한때 8만 종이 넘던 벼 품종이 겨우 몇백 종으로 줄어들었다.[14] 인도와 비슷하게 미국도 옥수수와 콩의 단일경작으로 대폭전환해 대부분 농장이 같은 품종의 작물을 재배한다. 이런 상황은 영양학의 관점뿐 아니라 기후의 관점에서 볼 때도 대단히 위험하다. 투자 포트폴리오와 마찬가지로 재배작물도 다양화하는 것이 옳다. 이는 아일랜드 감자 대기근에서 뼈아프게 배운 교훈이다.

전반적으로 소비자가 선택할 수 있는 식물성 식품의 종류는 전보다 늘었지만, 식단에서 중요한 역할을 하는 작물의 다양성은 전보다 줄어들었다. 인간의 노동을 기계로 대체하고 경제개발 전략에 따라 수확량이 많은 주요 작물품종의 개발과 보급에만 투자하는 등 여러 가지 요인이 있지만, 한정된 농산물에 집중한 농업보조금도 세계 식량공급의 다양성이 감소하게 된 요인이다. 세계

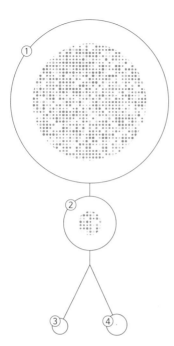

① **391,000종**
전 세계에서 확인된 식물종

② **5,538종**
역사적으로 인간이 식량으로 이용한 작물

③ **3종**
현재 전 세계가 식물에서 얻는 열량의 50퍼센트 이상을 공급하는 쌀과 옥수수, 밀

④ **12종**
다섯 가지 동물종과 함께 현재 세계 식량의 75퍼센트를 공급하는 열두 가지 작물(다섯 가지 동물종을 전 세계 소비량 기준으로 정리하면 소, 닭, 돼지, 염소, 양이다.)

생물다양성 감소: 전 세계에서 확인된 식물 중 식용으로 재배되는 종은 겨우 1퍼센트 남짓이다. 12종의 작물과 5종의 동물이 식량공급의 75퍼센트를 차지한다. 12종의 작물에서 얻는 식량은 설탕과 옥수수, 쌀, 밀, 감자, 대두, 카사바, 토마토, 바나나, 양파, 사과, 포도(포도주)다. 고기와 그 부산물을 이용하는 동물 5종은 소(그리고 우유), 닭(그리고 달걀), 돼지, 염소(그리고 염소젖), 양(그리고 양젖)이다. 축산업도 가축의 생물다양성을 해친다. 2001년부터 2007년까지 62종의 가축 품종이 산업적 생산에 부적합하다는 이유를 비롯한 수많은 이유로 멸종되었다.

©국제생물다양성연구소, 2020

식량공급이 획일화하는 이런 추세는 수입하는 필수식품의 가용성이나 접근성과 관련해 국가 간의 상호의존성을 높인다.[15]

농장의 규모가 커지면 생산하는 작물의 다양성과 영양은 대체로 감소한다. 농업생물다양성이 더 높은 소규모 농장이 대규모 농상보나 더 다양하고 폭넓은 영양소(특히 미량영양소)를 공급하는 경우가 많다.[16] 농장 규모와 영양소의 관계를 연구한 마리오 헤레로(Mario Herrero)는 이렇게 이야기한다.

중소규모로 농사를 짓는 농부들이 생태계에 엄청난 서비스를 제공합니다. 세상에 영양소와 생물다양성을 공급하는 주인공이 바로 이들입니다.

(일반적으로 2헥타르 미만의 농장을 가리키지만 때에 따라 10헥타르 면적의 농장까지 포함하는) 소규모 농장은 생물다양성에 이바지하지만 기후변화의 영향에 대단히 취약하다. 세계 금융체계에서 가장 홀대받는 것도 소규모 농장이다. 소규모 자작농 중에는 최저생계 수준에서 벗어나려고 몸부림치는 이들이 많다. 여성이 농사를 짓는 경우 특히 그렇

다. 융자나 기술지원도 받지 못하고 판로도 없는 상태에서 세계 상품시장의 요동치는 가격변동에 고스란히 내몰리기 일쑤다. 소규모 자작농은 농사 외에 추가적인 소득원을 확보해야 살아남을 수 있고, 기후변화 때문에 이런 대비책을 마련하는 것이 점점 더 중요해지고 있다.

거대한 아프리카대륙에서 서로 마주 보며 멀리 떨어진 말라위와 말리에서 이런 상황을 직접 목격했다. 자급자족하는 농민들은 가족이 먹을 분량 외에 남은 작물을 시장에 내다 팔며 근근이 생계를 유지했다. 하지만 불행히도 이런 소규모 농장은 가뭄이나 갑자기 쏟아지는 비 때문에, 그리고 소농을 지원하는 기술이나 기계 부족, (심지어 길도 없을 만큼) 키운 작물을 멀리 떨어진 시장까지 운송할 인프라 부족 등으로 농사를 망치는 경우가 허다하다. 그런데 이처럼 힘든 상황에서도 소규모 자작농의 땅에서 나오는 물량이 그 지역에서 생산되는 전체 식량의 30퍼센트를 차지했다.

세계화는 규모와 상관없이 모든 농부에게 가격을 낮추라는 압력과 비용을 절감하라는 부담을 가중시킨다. 그 결과 전 세계에서 굶주리는 인구의 절반이 소규모 농업 공동체에서 살아가는 사람들이다.[17] 아이러니한 일이지만, 우리에게 먹을 것을 공급하는 사람들이 극심한 식량불안에 시달리는 경우가 많다. 주로 농업에 의존해 생계를 꾸리는 약 10억 명의 사람이 가까운 미래에 닥칠 대대적인 환경변화로 아주 큰 타격을 받게 될 인구다. 기후변화로 인해 소규모 자작농들은 안전한 식량원을 확보하고 생계를 꾸리기 위해 자기 농장을 포기하는 상황으로 내몰릴 수도 있다.

농사에 이용하는 살충제는 작물의 다양성이 더 가파르게 감소하는 원인이 된다. 살충제가 과일, 채소, 견과류, 씨앗류 생산에서 대단히 중요한 역할을 하는 벌이나 박쥐, 나비 같은 꽃가루 매개자의 개체수나 종의 다양성을 감소시키기 때문이다.[18] 일반적으로 기후변화는 인간 환경에서 중대한 의미를 지니는 모든 곤충의 생존을 심각하게 위협한다. 곤충은 작물이나 꽃의 수분을 책임질 뿐 아니라 상위계층의 생물에게 먹잇감도 제공하고, 폐기물을 분해하고, 잎이 무성한 식물을 먹어 생태계의 균형을 유지하며, 토양 속 영양분의 재활용도 돕는다. 그런데 꿀벌의 개체수가 군집붕괴현상과 함께 계속 감소하고 있다. 현재까지 그 원인이 제대로 밝혀지지는 않았지만, 꿀벌의 군집붕괴현상은 서식지 손실이나 농사에 이용하는 살충제와 비료, 꿀벌을 먹잇감으로 삼는 진드기 바로 아응애 때문에 발생하는 것으로 추정된다.

집약적인 농업생산은 생물다양성을 감소시킬 뿐 아니라 토질도 떨어트려 작물의 미량영양소 함량에 결정적인 영향을 미친다. 집약적 농업생산으로 토양의 질이 물리적·생물학적·화학적으로 저하되면 날씨와 기후가 토양의 안정성과 토질에 미치는 부정적인 영향이 커진다. 토양침식과 토질저하로 지력이 고갈되어 폐기된 경작지가 이미 전 세계 경작지의 3분의 1 정도다.[19] 미국에서도 토양보존에 실패해 1930년대 중남부 지역에 모래바람이 몰아치는 끔찍한 결과가 발생하며 대공황으로 이어지고, 250만 명이 전국 각지로 이주할 수밖에 없었다. 이런 비극이 되풀이되는 것을 막으며 전 세계 식량 수요를 맞추려면 무경운 농업(경운 작업을 하지 않고 파종하거나 이식해 작물을 재배하는 방법-옮긴이)과 피복작물(거름이 흘러 내려가거나 토양이 침식되는 것을 막기 위해 심는 작물-옮긴이) 재배 등 토양침식을 줄이는 기술을 확대할 필요가 있다.

산업화된 농업의 목표는 고도로 전문화된 생산성 높은 농법과 소비자에게 다양한 작물을 효과적으로 공급하는 무역체계를 동시에 이용해 영양수요를 충족시키는

것이다. 하지만 실제로 국제무역이 제공하는 식품 다양
성의 혜택을 보는 이들은 주로 고소득 국가의 부유한 소
비자들이다. 인프라가 열악하고 가치사슬(value chain, 기업
이 제품과 서비스를 생산해 부가가치가 생성되는 일련의 과정—옮긴이)이
깨지거나 부적절한 저소득 국가의 가난한 사람들은 필요
한 영양을 충분히 제공하지 못하는 주식 작물에 의존할
수밖에 없다.

물 부족

기후변화는 농업용수 사용에도 지대한 영향을 미칠 것이다. 홍수와 가뭄이 늘고 해수면이 상승하며 물의 가용성을 예측하기가 더욱 어려워질 것이다. 특히 농촌이 물의 가용성, 식량안보, 인프라, 작황과 관련해 큰 타격을 받을 것으로 예상된다.

현재 전 세계가 가정용 담수의 절반 정도를 지하수로 충당하지만, 비가 내려 다시 채우는 속도보다 더 빠르게 지하수를 뽑아내는 지역이 많다.[20] 게다가 기후변화로 인해 강수량 변동폭이 커지면서 가뭄, 홍수, 폭풍우 등 비정상적인 강우 패턴이 나타난다. 최근 호주가 아주 심각한 가뭄으로 몸살을 앓았다. 앞으로 가뭄 피해는 더 자주, 더 오래, 더 넓은 지역에 걸쳐 일어날 것이다.

호주에서 가뭄이 점점 심각해지는 동안 방글라데시 지역은 잦은 홍수와 해수면 상승으로 고통받았다. 기후변화로 강력한 폭풍우가 발생하면 집이 파괴되고 생계가 파탄 날 뿐 아니라 물과 토양의 염도가 높아져 수많은 사람이 먹을 것과 마실 것을 구하지 못하는 지경으로 내몰린다. 기후변화에 관한 정부간협의체(Intergovernmental Panel on Climate Change, IPCC)는 기후변화에 따른 해수면 상승으로 남아시아 국가인 방글라데시의 경우 2050년까지 국토의 17퍼센트가 물에 잠겨 대략 2,000만 명이 거주지를 잃고 식량 생산량도 30퍼센트 감소할 것이라고 예상했다.

비가 내리는 빈도와 기간, 강도가 변하면 여러 가지 결과가 발생한다. 강우량이 늘면 특히 사하라 이남 아프리카의 많은 나라처럼 관개기술이 발전하지 못한 지역에서는 식량 생산에 도움이 될 수도 있다. 하지만 강우량 증가로 작물의 생산량이 줄 가능성도 있다. 최근 몇 년 사이에 인도, 미국 곡창지대 아이오와, 네브래스카에서 발생한 상황을 보면 큰 폭풍우와 홍수가 농작물에 막대한 피해를 주는 것을 목격할 수 있다.

극심한 폭우나 가뭄으로 물을 안정적으로 이용할 수 없는 지역이 늘어남에 따라 획기적인 대책 마련이 점점 더 시급해진다. 케냐에서 활동하던 때에 나는 기후변화의 영향을 극복하기 위해 시도된 여러 가지 식량 생산체계의 변화를 직접 목격했다. 소말리아 국경 근처 마을인 데르투에서 근무할 때였다. 당시 그 지역의 강수량이 아주 들쭉날쭉해 낙타, 소, (양과 염소의 교배종인) 쇼트를 주로 기르는 목축공동체인 데르투 마을이 그 영향을 고스란히 받고 있었다. 그곳 사람들은 가축을 몰고 나가 풀을 뜯기며 우물에서 다음 우물까지 엄청난 거리를 이동했다. 하루에 걷는 거리만 50킬로미터 이상이었다. 이들은 기후변화 탓에 생계가 위태로웠고 물 부족, 식량불안, 토지소유권 분쟁, 그리고 가뭄으로 인해 많은 이들의 미래가 암울했다.

데르투와 근처 다른 마을 사람들은 되풀이되는 극심한 가뭄에 맞서 쇼트와 낙타 젖 생산량을 늘리기 위해 예방주사를 놓았다. 가뭄이나 예상치 못한 홍수로 기생충이 번지는 등 스트레스가 심한 기후환경에서 가축을 지키기 위해서였다. 기후변화에 맞서 목축공동체의 생계와 식량안보를 지키기 위한 여러 방안이 함께 시행되었다. 지금은 휴대전화, 태양열충전기 등이 포함된 통신장비가 외딴 마을을 바깥세상과 연결해주며 날씨와 안전, 가축시장의 가격동향, 우물 상태, 이용 가능한 지표수 등의 정보를 제공한다. 이들 목축공동체는 이런 정보를 바탕으로 가뭄에 더 능동적으로 대처할 수 있게 되었다.

데르투 재생에너지 프로젝트(The Dertu Renewable Energy Project)는 (가축 분뇨에서 얻은) 바이오가스를 공동체에 공급하거나 태양열발전을 이용해 신규사업을 육성하기도 한다. 그런 신규사업 중 하나가 고품질의 낙타젖을 생산해 멀리 떨어진 대형마켓까지 냉장운송하는 것이다. 낙타는 아프리카의 뿔(Horn of Africa, 아프리카 북동부—옮긴이) 지역에서 아주 소중한 동물이며, 낙타젖은 케냐 소말리족 푸드시스템에서 천 년을 이어온 식품문화다. 그 낙타젖이 케냐의 수도 나이로비에서 우유 대체식품으로 인기를 끌고 있다. 우유보다 비타민C 함량이 3배나 많은 낙타젖은 특히 과일이나 채소를 자주 먹지 못하는 척박한 지역에서 아주 중요한 역할을 하는 식품이다. 또한 낙타젖은 철분과 불포화지방산, 비타민B군을 비롯해 항균작용을 하는 단백질인 락토페린 성분도 풍부하다.

수산업과 기후변화

수산업은 세계 푸드시스템과 식단에서 아주 중요한 역할을 한다. 생선은 수많은 사람에게 단백질과 오메가3 지방산, 미량영양소를 공급한다. 43억 명의 인구가 단백질 총섭취량의 최소 15퍼센트를 생선에서 공급받는다.[21] 그뿐 아니라 전 세계 5억 명이 산호초 생태계에서 식량과 각종 자원을 마련한다.

전 세계 인구의 절반 가까이가 해안에서 100킬로미터 이내에 살고 있지만, 이렇게 해안가에 거주하는 사람 중 절반이 중증도 이상의 미량영양소 결핍증 위험에 노출되어 있다. 생선을 더 쉽게 구할 수 있다면 이 위험은 크게 낮출 수 있다. 사실 현재 어획량으로도 충분한 영양분을 얻을 수 있지만 실제로 이렇게 잡은 생선이 누구보다 영양이 필요한 지역주민들에게는 공급되지 않는 경우가 흔하다. 현재 서아프리카 해안에서 잡히는 생선 어획량은 해안가 100킬로미터 이내에 거주하는 인구의 영양수요를 충족시키기에 충분한 양이지만, 이 사람들이 그 혜택을 보지 못하고 아연과 철분, 비타민A 결핍증에 시달린다. 그 원인으로는 (생선 수출로 막대한 외화를 벌어들이려는) 국제무역 우선 정책, 문화적인 식품 선호도, 폐기물량 증가, 그리고 동물사료용 어유 생산 등을 꼽을 수 있다.[22]

불행한 일이지만, 수산식량자원도 남획과 기후변화로 점점 더 큰 위기를 맞고 있다. 바다와 강과 호수에 사는 물고기 개체수가 남획으로 인해 급감하고, 산호초가 퇴화하고, 그 많던 어류와 무척추동물이 감소했다. 양식장은 바다를 오염시키고 질병을 퍼트렸다. 기후변화는 바다의 수온과 염도, 산소농도를 바꾸고 산성화시켰을 뿐 아니라 담수의 수온과 수위까지 변화시켰다. 바다가 이산화탄소를 흡수해 산성이 강해지면 어류의 생존을 위협하고 조개류의 성장을 방해하며 산호초의 백화현상을 일으킨다. 수십 년간 온실가스가 쌓여 발생한 해양 산성화가 단세포생물인 식물성플랑크톤을 위협하고 있다. 해양 먹이사슬의 맨 밑에 있는 식물성플랑크톤은 지구에서 이루어지는 광합성과 산소생산의 절반 이상을 담당한다. 바다가 따뜻해지자 물고기들이 더 시원한 물을 찾아 열대지역을 떠나고 있다. 수중환경이 점점 더 살기 어려워질수록 더 많은 물고기가 떠날 수밖에 없을 것이다. 해양 온난화로 인해 이미 열대지역 어류는 40퍼센트 감소했고, 극지방 어류는 30~70퍼센트 증가했다.[23]

해양수산업 어획량은 1990년대에 최고조에 달했다. 현재 수산자원의 57퍼센트가 최대 수준까지 어획되고, 30퍼센트가 과도하게 남획되고 있다. 전체적으로 보면, 불법어업이 아닌 정상적인 어업으로 잡은 어획량의 90퍼센트 정도가 지속가능한 최대 어획량이거나 그 이상으로 잡은 것이라 할 수 있다. 한편 전 세계 강의 60퍼센트 이상이 수자원을 관리하거나 전력을 생산하기 위해 댐으로 막혀 있다. 야생포획의 세계공급이 정점을 지나게 되면 전 세계 어류 소비수요를 양식 어류로 충족해야 할 것이다. 그러려면 전 세계 양식업계의 공급능력을 2050년까지 2배로 키워야 한다.

이러한 수치들을 보면 두려운 생각이 들겠지만, 양식

업을 꾸준히 발전시키면 미래 성장에 이바지할 가능성이 있다. 주변 생태계에 영향을 미치지 않는 양식기술, (해조류를 포함해) 더 지속가능한 먹이 개발, 효과적인 질병관리 방법 등을 통해 양식업을 발전시켜야 한다. 순환여과식 양식과 같은 혁신은 물과 영양분을 효과적으로 이용함으로써 현재 양식업계가 직면한 지속가능성 문제를 일부 보완해줄 것이다. 먹이사슬 아래쪽에 있는 (조개, 굴, 홍합 등) 쌍각류 연체동물이나 메기, 잉어 등의 수산물로 소비자의 눈길을 돌릴 수도 있다.

농작물에
기술 도입

지난 세기 기술혁신은 푸드시스템을 바꿔놓았다. 식물 재배 및 동물사육 기술, 기계화, 농약, 관개기술 등 수많은 기술 덕분에 농부들은 전보다 더 작은 땅에서 더 많은 식량을 생산할 수 있게 되었다. 하지만 바로 이런 기술 중 상당수가 건강과 환경을 악화시키는 결과를 빚었다. 또 기술의 혜택이 모든 사람에게 골고루 돌아간 것도 아니다.

　무엇보다 큰 논쟁을 불러일으킨 것이 유전자조작 (genetically modified, GM) 식품이다. 1990년대 미국에서 최초로 상업화된 GM 작물은 본래 두 가지 유익한 특성을 갖도록 설계되었다.

- 해충이나 질병에 대한 저항력
- 제초제에 대한 내성

그 이후 가뭄에 대한 내성이나 갈변에 대한 저항성 등 GM 작물의 또 다른 특성이 승인받았고, 지금도 많은 연구자가 알레르기 유발물질을 제거하고 작물의 광합성 효율이나 극한기온에 대한 내성, 병해충에 대한 저항성, 맛과 향과 영양분을 향상하는 방법을 연구 중이다.

개발 이후 지금까지 GM 작물에 대한 평가는 극과 극이다. 2016년 전미과학공학의학한림원(National Academies of Sciences, Engineering, and Medicine) 위원회는 GM 작물의 안전성을 조사한 1,000여 건의 연구를 검토한 뒤 사람이 먹어도 안전하다는 보고서를 발표했다.[24] 하지만 또 다른 걱정거리가 있었다. 우선 유전자조작 기술이 영양을 개선하거나 환경파괴를 줄이려는 전략과 충돌할 것이라는 우려였다. 그리고 GM 작물을 개발한다고 반드시 작물 수확량이 증가한다고 할 수 없으며 오히려 화학살충제 사용만 늘어나 꽃가루 매개자를 위협할지 모른다는 우려도 있었다. 더욱이 GM 작물이 영양가가 더 높고 지역환경에 적응한 전통적인 작물품종을 몰아낼 수 있다는 점도 걱정스러웠다.

일부 농가는 GM 작물로 생산성이 향상해 소득이 늘었다. 2014년 147건의 연구결과를 바탕으로 GM 작물이 농업생산성을 평균 22퍼센트 향상시키고 농가 수익을 68퍼센트 증가시켰다는 보고서가 발표되었다.[25] 2016년에는 GM 작물 종자개발에 1달러를 투자하면 저소득 국가의 농부가 평균 5달러의 수익을 올린다는 연구결과도 발표되었다.[26] 현재 한 해 1,800만 명이 넘는 농부가 GM 작물을 재배하고 있다.

작물의 종류와 재배지 그리고 재배방법에 따라 차이가 있지만, 유전자조작 기술은 농업의 탄소발자국도 바꾸고 있다. GM 작물 덕분에 농부들이 땅을 추가로 확보하지 않아도 수확량을 늘릴 수 있어 한정된 땅을 농지로 변경할 부담이 줄어들었다. 또한 연구결과에 따르면, 미량영양소가 풍부한 종자가 땅을 비옥하게 만들고, (글리포세이트 같은) 제초제나 살충제 사용이 줄어 농업이 건강한 환경 조성에 더욱 이바지하는 것으로 확인되었다. 그런데 미국의 최근 연구결과를 보면, 유전자조작 옥수수는 제초제 사용이 감소했지만 유전자조작 콩은 제초제 사용이 증가한 것으로 밝혀졌다.[27] 그리고 글리포세이트 저항성이 있는 옥수수나 콩 품종을 심고 시간이 지나면 글리포세이트 저항성이 있는 잡초가 출현한다는 것도 발견됐다. 문제는 농부들이 잡초를 죽이려고 더 많은 제초제를 뿌린다는 것이고, 이는 환경을 해칠 수 있다. 글리포세이트에 노출된 인간의 건강도 염려스러운 점이다. 글리포세이트에 암을 유발하거나 인체에 해로운 영향을 미칠 위험과 독성은 없는지 현재 연구 중이다.[28]

유전자기술의 도움이 필요할 수도 있고 그렇지 않을 수도 있지만, 생합성영양(biofortification)도 전 세계 영양실조를 대대적으로 줄일 수 있는 또 다른 방법이다. 이는 관행적인 농법이나 전통적인 작물재배법 또는 현대적인 생명공학기술로 각종 양분과 건강증진성분을 추가해 식용작물의 영양가를 높이는 것이다. 생합성영양 기술을 집중적으로 개발하는 하비스트플러스(HarvestPlus)를 설립한 하우디 부이스(Howdy Bouis)는 이렇게 주장한다.

생합성영양의 미래와 관련해, 유전공학이 관습적인
재배기술만큼이나 광범위하고 쉽게 이용되리라는 큰

기대를 갖게 됩니다. 각종 영양 개선과 농법의 개선으로 인기 있는 작물품종을 개량하고 영양소 밀도도 높일 수 있습니다. 이런 이점은 이미 증거로 확인된 것들이죠. 모두 안전성이 입증되고 전 세계 과학원에서 인정받은 기술입니다. 비용 대비 수익률이 가장 높다고 확인된 것 중 하나가 바로 농업 연구 투자입니다.[29]

현재 생합성영양 농작은 옥수수, 쌀, 감자, 밀 같은 주요 작물에 집중된다. 저소득 국가의 국민 대다수에게 열량을 제공하는 작물이기 때문이다. 생합성영양은 빈곤층이 많이 먹는 주식의 영양성분을 개선하고, 상대적으로 비용효율이 높고 지속가능한 방법으로 빈곤층의 미량영양소 결핍증을 해결하기 위해 개발된 것이다. 연구 결과 생합성영양 작물은 수확량이나 경제적 가치 면에서 적어도 전통농법의 작물만큼 생산적인 것으로 확인되었다.

생합성영양에 반대하는 사람들은 이처럼 영양이 강화된 작물이 빈곤층의 식단을 지배하게 되면 주식으로 삼는 곡물 외에 식단을 다양하게 확장하려는 노력이 감소할 수 있다고 걱정한다. 생합성영양 작물이 영양이 풍

부하고 지역환경에 잘 적응한 전통적인 작물품종을 몰아
낼 수 있다는 점도 염려한다.[30] 게다가 농부들은 생합성
영양 작물이 지역시장의 농산물 가격을 왜곡해 자신들의
생계를 위협할지도 모른다고 걱정한다. 생합성영양 작물
이 일부 환경에서 거부되는 이유가 바로 이런 염려 때문
이다.

수확 후
저장과 가공

식품은 저장 및 가공 과정을 거쳐 안정성과 안전성이 증가하고, 때에 따라서는 영양가도 높아진다. 저소득 국가에서는 인프라 시설이 낡고 열악해서 식량 저장이 큰 문제가 된다. 해충이 슬거나 곰팡이가 피는 등의 문제로 애써 수확한 작물을 버리는 일도 있다. 동아프리카 일부 국가는 땅에서 생기는 곰팡이 독소인 아플라톡신 때문에 수확한 옥수수와 땅콩의 50~60퍼센트를 잃는다. 2010년 탄자니아 음볼라 지역에서 학교 급식용 옥수수를 저장하는 시설을 방문한 적이 있는데, 바구미가 슬어 자루에 담긴 옥수수가 온통 가루로 변해 있었다. 지역주민들에게는 비극적인 식량손실이었다. 다행히 지금은 곳곳에 곡식저장고와 저온창고를 지어 안전하게 작물을 저장할 방법을 찾고 있다.

분쇄, 냉각과 냉동, 훈연, 가열, 통조림 제조, 발효, 압출조리 등 일반적인 많은 식품가공법이 모두 환경에 영향을 미친다. 레인지, 증기가마, 화로에서는 이산화탄소가 배출되고 폐수에서는 메탄가스와 아산화질소가 방출되기 때문이다. 에너지를 가장 많이 사용하는 가공법은 옥수수를 물에 적셔 빻는 습식 도정이지만, 설탕이나 기름을 만드는 가공법도 많은 에너지를 사용한다. 또한 다른 가공과정에 비하면 아주 적은 에너지를 사용하기는 하나 포장재료를 생산하거나 식품을 포장하는 단계에서도 자원이 쓰인다. 식품 섭취 후 나오는 포장 쓰레기도 환경에 부담을 준다.

가공처리는 식품의 영양성분이나 영양소 함유율을 바꿀 수 있다. 어떤 가공기술은 식품의 영양가를 높이거나 유통기한을 연장한다. 발효는 먹을 것이 부족한 시기에 대비해 식품을 저장하면서 식품에 좋은 향을 첨가하고 독성은 낮추는 가공법이다. 사워크라우트(sauerkraut, 양배추를 싱겁게 절여서 발효시킨 독일식 김치-옮긴이)나 김치처럼 채소를 젖산발효시키면 식단의 영양과 미생물의 다양성이 증가하고, 프리바이오틱스 성분 덕분에 장내 미생물군집의 건강이 향상된다. 그런가 하면 식품개조처럼 섬유질이나 기타 주요 영양소를 제거함으로써 식품의 영양가를 증가시키거나 감소시키는 가공기술도 있고, 나트륨이나 첨가당 같은 건강에 나쁜 성분을 제거하는 가공기술도 있다. 반대로 나트륨, 설탕, 트랜스지방처럼 몸에 나쁜 지방 등 일반적으로 사용이 제한된 성분을 필요 이상으로 많이 '첨가'해 건강을 해치는 가공기술도 존재한다.

가공을 거친 식품은 유통을 앞두고 냉장보관하는 경우가 많다. 식품의 부패와 폐기를 줄이고 식품안전성을 높임으로써 식량 공급사슬에서 아주 중요한 돌파구를 마련한 것이 바로 냉장보관이다. 하지만 냉장보관에도 분명히 약점이 있다. 식량 가치사슬에서 생산 다음으로 가장 많은 에너지를 소비하는 과정이 냉장보관이기 때문이다. 더군다나 냉장보관에 사용되는 냉매는 오존층을 파괴할 수 있다.

그래도 다행히 저장법과 가공법을 혁신적으로 개선한 기술들이 개발되고 있다. 식품 생산체계의 지속가능성을 강화할 것으로 주목받는 한 가지 방법이 바로 식품

가공단계에서 발생하는 부산물을 이용하는 업사이클링 (upcycling)이다. 예를 들면 치즈를 만들 때 부산물로 나오는 감미유청을 이용하는 방법 등이다. 본래 폐기물로 취급되던 유청이 지금은 각종 '건강식품'의 재료로 쓰인다. 유청에서 걷어낸 크림으로는 버터 향이 나는 식재료인 유청버터를 만든다. 업사이클링은 식품 제조업자에게 수익을 안겨주고 자원효율성을 증가시키며 지속가능 경영 전략에 이바지하는 한 방법이다.

유통과 마케팅,
판매

가공처리가 끝난 식품은 그 지역의 인근이나 혹은 멀리 떨어진 곳에 있는, 공식적 혹은 비공식적 시장을 통해 판매가 이루어진다. 최근 몇십 년간 냉장화물차와 컨테이너선의 발달로 국제 식품무역이 빠르게 성장했다. 현재 전 세계적으로 특정한 계절에만 생산되는 식품의 소비가 증가하고 있다. 탄소발자국을 감수하고, 기꺼이 비싼 가격을 치르며 이런 식품을 즐기는 사람이 늘고 있는 것이다.

이처럼 식료품이 국경을 넘어 이동하면서 전 세계 식품소비 패턴이 바뀌고 있다. 고대로부터 안데스산맥에

서 전통적으로 재배되던 영양이 풍부한 곡물 퀴노아가
국제 무역시장에서 새로운 틈새상품으로 떠올랐다. 전
세계 시장의 수요가 늘며 페루는 단위면적당 수확량을
늘리는 방법으로 2011년부터 2014년까지 퀴노아 생산량
을 2배 이상 증가시켰다. 페루의 퀴노아 농가는 수요가
승가한 덕분에 경제적 이익을 얻었지만, 생산량이 늘며
환경오염은 증가하고, 수요가 증가한 탓에 페루 국내 퀴
노아 가격은 오히려 상승했다.[31]

기후변화는 식품을 생산지에서 시장으로 운송하는
과정에 점점 더 큰 영향을 미친다. 결과적으로 질 좋고
다양한 식단을 준비하기가 더욱 어려워지고, 푸드시스템
에서 발생하는 온실가스 배출량은 6퍼센트 증가할 것이
다. 식품은 배, 기차, 자동차, 비행기로 운송되며 이 모든
운송수단이 화석연료를 태워 온실가스를 배출한다. 이동
거리에 따라 다르지만, 기차가 온실가스를 가장 적게 배
출하고 비행기가 가장 많은 온실가스를 배출한다. 다행
히 대부분 식품은 배로 운송한다. 배는 다른 운송수단보
다 비용이 싸고, 온실가스 배출량도 같은 물량을 비행기
로 수송할 때보다 50분의 1로 적다.

저소득 국가의 도시화 속도가 빨라지며 식품이 생산

지부터 소비자까지 이동하는 거리도 늘어나고 있다. 도시 수요는 앞으로 농촌의 생산자가 재배하는 식량의 종류, 그리고 식품을 거래하고 가공하고 유통하고 판매하는 방식에 더 많은 영향을 미치게 될 것이다.

2050년이면 전 세계 인구의 66퍼센트가 도심지에 거주할 것으로 예상된다. 현재 아프리카와 아시아는 농촌에 거주하는 인구가 대부분이지만, 이 지역의 여러 나라에서 세계 어느 곳보다 빠르게 도시화가 진행되고 있다. 도시화로 인해 소비가 늘고 더 다양한 식품을 찾게 됨에 따라 푸드시스템이 받는 압력도 커질 것이다. 더욱이 소규모 자작농들이 도시에서 살기 위해 농사를 지으며 살아가던 자신의 생활방식을 포기하는 일까지 벌어질 것이다.

세계 푸드시스템의 마지막 단계에서 발생하는 엄청난 양의 음식물쓰레기는 자원고갈과 기후변화를 부추긴다. 한 해 생산하는 약 40억 톤의 식품 중 약 3분의 1이 쓰레기로 버려진다.[32] 저소득 국가에서는 주로 식량 공급사슬의 생산부터 가공에 이르는 단계에서 식품이 손실되지만, 고소득 국가에서는 대부분 판매와 소비 단계에서 음식물쓰레기가 발생한다. 동물성 식품과 비교해 주요 곡물이나 과일, 채소가 쓰레기로 버려지는 비율이 더 높다. 전 국무장관 매들린 올브라이트(Madeleine Albright)는 다음과 같이 지적했다.

> 먹을 수 있는 음식의 3분의 1이 굶주린 사람들의 입에 들어가지 못하는 세상에서 우리는 모두 제 몫의 역할을 해야 할 도덕적 책임이 있습니다.[33]

세계 인구가 늘어나며 더 많은 식량이 필요하게 되겠지만, 동시에 기후변화 때문에 농부들이 우리에게 식량을 공급하기는 점점 더 어려워질 것이다. 현재 우리의 푸드시스템은 시장을 지배하는 제조업체가 큰 이익을 볼 수 있도록 최대 속도로 생산 가능한 값싸고 풍부한 식품에만 주목한다. 수많은 소규모 농부는 안중에도 없다. 우리가 앞으로 기후변화 문제를 헤쳐 나가려면 훨씬 더 지속가능한 접근법이 필요하다. 현재의 식품생산 관행을 대대적으로 혁신하지 않으면 기후변화의 영향으로 전 세계인의 영양과 식량안보는 매우 위태로워질 것이다. 인구가 적은 지역까지 도시가 침투해 들어가고 (통계에 잡힌) 전 세계 농부의 평균 나이가 60세인 상황에서 이렇게 묻지 않을 수 없다. 앞으로 누가 우리를 먹여 살릴 것인가? 무시무시한 기후변화가 닥쳐올 것이라는 전망 속에서 농사를 짓겠다고 선뜻 나설 사람이 있을까?

전 세계인의 열량수요와 영양수요를 충족시키면서도 지구의 피해를 최소화하고 농부들이 기후변화에 적응할 수 있도록 확실히 지원할 방법을 반드시 찾아야 한다. 지난 세기는 농업을 강화하고 획일화한 시기였다. 인간과 환경의 건강을 위해 다음 세기에는 새로운 접근법이 필요하다.

3

마구잡이로 먹을
권리가 있나?

먹는 행위를 윤리적 행동으로 보지 않는 사람이 많지만, 우리가 결정하는 식품 선택과 음식을 공급하는 푸드시스템은 윤리적으로 중요하고 어려운 문제들을 제기한다. 건강하고 지속가능한 식단을 공평하게 누리도록 하려면 모두가 힘을 합쳐 이런 문제를 해결해야 한다.

대답하기 어려운 질문부터 시작해보자. 소고기는 자원집약적인 식품이며, 잡아먹기 위해 기를 수 있는 동물이 무엇이냐는 윤리적 난제를 대표하는 식품이다. 이런 식품을 먹을 권리가 과연 우리에게 있을까? 건강증진을 위해 국민에게 어떤 음식을 먹으라고 권고할 권리가 정부에게 있을까? 가정에서 맨 마지막으로 식사하거나 가계소득에 대해 동등한 권리를 행사하지 못하는 여성이 적절한 영양을 공급받을 수 있을까? 어떻게 하면 역사적이고 체계적인 불평등과 차별을 해소해 재산, 거주지, 피부색, 종족, 사회적 계급에 상관없이 누구나 건강한 식단을 즐기도록 할 수 있을까? 전 세계를 대상으로 대차대조표를 작성한다면, 주로 산업화국가나 다국적기업의 활동으로 발생한 기후변화 때문에 식량을 재배하는 데 애를 먹는 가난한 나라들에 내해서 부자나라들은 무엇을 '빚지고' 있을까?

우리가 사는 이 세상에는 기본적으로 필요한 식량을 충분히 구하는 데 애를 먹는 사람이 여전히 많다. 많은 이들이 가뭄, 팬데믹, 전쟁, 자연재해, 인공재해로 인한 푸드시스템 및 기타 관련 시스템의 충격으로 하루하루 식량을 걱정하는 위기상황에 빠져 있다. 다행히 식량을 구한다 하더라도 식품의 종류와 양이 건강을 지키기에 충분치 않아 장애가 생기거나 조기에 사망할 가능성이 높다. 사람들이 적절한 음식을 적정한 가격에 구입할 기회가 농업이나 천연자원, 인프라, 경제 등과 연관된 거시적 요인들에 영향을 받는다. 견고하게 뿌리내린 푸드시스템과 이 시스템을 서로 다른 방향으로 움직이는 관계자들도 이런 불평등이 지속되고 심지어 강화되게 만드는 요인이다. 결론적으로 푸드시스템이 기회를 박탈하고, 선택권을 제한하며, 사람들을 소외시키는 일이 흔하게 발생한다. 푸드시스템에서 소외된 사람은 불충분한 식사나 영양실조, 건강부담에 노출될 위험이 불균형적으로 커지는데, 도시 빈민층과 농촌 인구, 지리적으로 고립된 지역민, 여성과 소녀, 차별받는 사람, 장애인, 분쟁지역 거주민, 기후변화나 현재 코로나19 팬데믹 등으로 지나치게 큰 고통을 감내하는 사람들이 바로 그들이다. 그런데 이들이 사회에서 더 높은 가치를 인정받지 못하는 이유가 뭘까?

공평성을 중시하는 푸드시스템은 복지와 사회정의를 강조한다. 복지와 사회정의라는 한 쌍의 기둥이 똑바로 서려면 공정무역에 관한 법규, 식품산업 종사자의 공정한 급여와 안전한 근로환경, 식품안전 개선과 소비자 보호가 필요하며, 지속가능한 환경 관리와 맞물린 건강하고 지속가능한 식단을 제공하고 시민들이 적정한 가격으로 식품을 구입할 수 있도록 해야 한다.

거의 모든 사람이 지속가능하고 공평하고 (인간은 물론 지구에도) 건강한 푸드시스템을 원할 것이다. 하지만 옥스퍼드대학교 마틴스쿨 '식량의 미래(Future of Food)' 연구팀에서 식품기후연구네트워크(Food Climate Research Network)를 설립한 태라 가넷(Tara Garnett)의 판단에 따르면 이런 바람은 불가능한 요구다. 지속가능성과 공평성 관련 문제 및 푸드시스템 전문가인 가넷은 이렇게 설명한다.

> 해결책이 무엇이냐, 다시 말해 어떤 삶이 좋은 삶이냐에 대해 모든 사람의 생각이 일치하는 것은 아닙니다. 식량의 지속가능성 문제를 바라보는 윤리적 관점에 따라 사람마다 제시하는 증거와 해결책이 다릅니다. 논쟁을 벌이는 이해당사자들의 목적이 서로 달라서 갈등만 생기거나 아무런 대책도 제시하지 못하는 경우가 흔합니다.[1]

푸드시스템이나 식단과 관련해 중요하게 거론되는 공평성 관련 쟁점을 이 장에서 모두 살피는 것은 불가능하다. 여기서는 가격이 적당하고 건강한 식단을 마련할 때 발생하는 불공평, 식품환경이 설계되고 구축되는 방법, 지속 불가능한 현재 동물 생산 및 소비 방식, 푸드시스템에서 가장 중요한 이해당사자인 여성의 소외 문제만 집중적으로 살펴보자.

식단 비용의
불공평

전 세계 영양부족 및 비만 문제에 대한 인식이 최근 몇 년간 크게 높아졌지만, 이러한 결과를 불러오는 힘에 대해서는 그리 주목하지 않는다. 식품은 불평등의 원인이 아니다. 오히려 식품 불평등은 극심한 빈곤이나 배척, 장애, 착취, 사회적 불의와 같은 더 큰 제도적 문제를 보여주는 징후다.

영양실조를 줄이고 건강을 증진하는 결정적인 요인이 소득이다. 푸드시스템은 전 세계인의 생계에 경제적으로 이바지하고 있지만, 과도한 비용 때문에 건강하고 다양한 식단을 즐기지 못하는 사람이 여전히 많다.[2] 건강

하지 못한 식단은 다음 세 가지 이유로 경제성장의 발목
을 잡고 빈곤에서 벗어나지 못하게 한다.

- 신체 건강상태가 좋지 못해 생산성이 떨어지는 직
  접적 손실이 발생한다.
- 인지기능이 지하되이 학교를 제대로 마치지 못하
  거나 교육 잠재력을 실현하지 못해 노동력이 떨어
  지는 간접적 손실이 발생한다.
- 의료비 증가로 비용 손실이 발생한다.

이런 경제적 손실 때문에 가난의 악순환이 고착되고
쉽게 깨지지 않는 것이다.

고소득 국가의 식품 불평등은 부와 밀접한 연관이
있다. 사회경제적 신분이 높은 사람은 고품질의 식단을
즐기지만 소득수준이 낮은 주민이나 집단, 공동체는 열
량만 높고 영양가는 낮은 건강하지 못한 식단에 의지하
는 경우가 많다. 품질이 낮은 식품을 섭취하는 한 가지
이유는 건강에 더 좋은 식품은 상하기 쉬워 한 장소에서
다음 장소로 유통할 때 냉장보관 등 추가적인 관리가 필
요하고, 그만큼 더 가격이 비싸기 때문이다. 특히 동물성

식품과 유제품, 채소, 과일은 너무 비싸서 감히 먹을 엄두도 내지 못하는 사람이 많다. 사하라 이남 아프리카의 외딴 시골에서는 과일과 채소를 특정한 계절에만 먹을 수 있고, 아주 드물게 시장에 나오는 동물성 식품은 상상할 수도 없을 만큼 가격이 비싸다. 그래서 언제든 쉽게 구할 수 있고 잘 상하지도 않는 가공식품과 인스턴트 음식으로 가장 싼 가격에 가장 많은 열량을 섭취한다.

FAO가 중요하게 발표한 2020년 연례보고서에 따르면, 건강한 식단의 비용이 최소 영양 요구량만 충족한 식단의 비용보다 60퍼센트 더 비싸고, 기본적인 신체기능에 필요한 에너지 요구량만 충족한 식단의 비용보다는 500퍼센트 더 비싼 것으로 나타났다. 이런 저렴한 식단은 대부분 탄수화물이 많은 곡물로 구성된 식단이었다.[3] 비용 때문에 건강한 식단을 즐기지 못하는 인구가 30억 명이 넘는다. 남아시아와 사하라 이남 아프리카 전체 인구 중 57퍼센트가 너무 비싸서 건강한 식품을 먹지 못한다.

2015년, 미국 가정에서 평균적으로 가계예산의 6.4퍼센트를 식품비로 지출한 반면 가장 가난한 하위 20퍼센트 가정은 가계예산의 약 35퍼센트를 식품비로 지출했다. 저소득 국가의 가난한 가정이 식품비로 지출하는 돈은 가계예산의 50~80퍼센트에 달한다. 필요 열량만 간신히 채운 기본적인 식단의 비용이 하루 품삯을 훌쩍 넘는 곳도 많이 있다.[4] 최근 수십 년간 생활비는 꾸준히 증가했지만 그에 비해 소득수준은 정체한 결과 많은 이들에게 생계를 유지하는 것이 힘든 싸움이 되었다. 엎친 데 덮친 격으로 코로나19 팬데믹과 같은 위기로 인해 불경기까지 닥치면 생계를 유지하는 싸움은 훨씬 더 힘들어진다.

무역 정책은 개인적인 빈곤과 전혀 다른 차원에서 경제와 영양에 모두 심각한 영향을 끼친다. 세계화로 무역의 규모가 커짐에 따라 인구가 밀집한 도시에서 구할 수 있는 고품질 식품이 점점 더 다양해지는 추세다. 하지만 소득 불평등의 심화, '열량만 높고 영양가는 없는' 편리하게 구입할 수 있는 싸고 건강에 나쁜 식품이 점점 더 늘어나는 문제도 다 무역과 관계가 있다.[5] 무역 덕분에 세계 식량공급이 다양해졌지만, 그 파급효과가 미치는 범위는 소비자의 식단을 넘어선다. 무역은 경쟁을 부추기고, 가장 낮은 가격으로 상품을 공급할 수 있는 생산자를 선호한다. 바로 이 두 가지 요인이 일반적으로 식품의 소비자가를 낮추고, 계속해서 비용을 절감해 이익을 내라고 생산자를 압박한다. 1980년대 이후 국제무역을 장려하는 정책 덕분에 저소득 국가의 식품 수출이 증가했다. 때로는 국내소비용 물량을 줄이면서까지 수출하기도 한다. 하지만 그렇다고 수출 물량을 줄이면 가난한 나라의 농가 소득이 타격을 받게 된다.

기후도 식품 가격과 변동성에 영향을 미칠 수 있다. (기후변화와 관련해 점점 더 증가하는) 가뭄과 홍수 같은 기상이변이나 예측하지 못한 계절 변화는 대규모 식량위기와 식품 가격 폭등을 촉발할 수 있다. 가장 취약하고 가난한 사람들이 이런 기상조건에서 살아남기 위해 몸부림치고 있다. 식품 가격이 오르면 소득이나 자원이 부족한 사람은 쌀이나 밀처럼 더 저렴한 식품으로 배를 채울 수밖에 없다. 그리고 허기를 달래고 영양실조를 모면하기 위해 더 극단적인 대응책으로 이어질 수도 있다. 가나와 나미비아, 말라위, 에티오피아에서 계절적으로 급변하는 식품 가격의 영향을 조사한 결과, 옥수수 가격과 아동 영양실조의 인과관계가 확인되었다.[6] 옥수수 가격이 2배로 오른 2004년 10월부터 2005년 1월까지 극심한 급성 영양실조로 각 지역 의료시설에 입원한 환자가 7배나 증가했다.

유엔도 보고서 〈세계 식량안보와 영양상태(The State of
Food Security and Nutrition in the World)〉에서 이같이 경고했다.

> 기후 급변과 함께 한층 복합적이고 빈번하고 강력해
> 진 극한기후에 노출되면서, 기아와 영양실조를 종결
> 하며 얻은 성과가 잠식되고 자칫하면 허사로 돌아갈
> 위험이 있다.[7]

이렇게 되면 정치적 혼란이나 유혈사태, 환경보호의
후퇴, 이민, 강제이주, 푸드시스템에 대한 통제력 감소
등의 결과가 나타날 수 있다.

분쟁도 식품 가격 급변과 폭등의 원인이 되며, 전쟁
의 후유증으로 고통받는 피해자는 대체로 아주 가난한
사람들이다. 지금도 많은 나라가 정치적 혼란과 사회불
안, 전쟁, 그 외의 인도주의적인 위기를 겪고 있다. 이로
인해 푸드시스템이 불안해지고 결국 국민의 건강이 즉각
적으로 또 장기적으로 위협받을 수 있다. 위기상황이 길
어지면 국가기관은 기능을 상실하고, 천연자원을 둘러싼
경쟁이 치열해지며, 의료 및 사회복지 서비스도 제대로
제공되지 않는다. 분쟁은 식량불안과 영양실조의 원인이

될 수 있고, 반대로 결과가 될 수도 있다.

FAO는 분쟁국 대부분을 소득수준이 낮고, 식량이 부족하며, 영양부족과 성장저하의 부담이 높은 국가로 분류한다.[8] 환경적 결핍과 천연자원 부족, 식량불안이 반드시 분쟁으로 이어지는 것은 아니지만 여차하면 폭력사태로 비화하는 긴박한 상황을 초래할 수 있다. 아프리카의 뿔이나 중동과 같은 건조한 지역에서는 물과 땅에 대한 접근권이 분쟁을 일으키는 주요 원인이 된다. 수입 식품의 가격이 안정되지 않고 급변하는 나라에서는 정부가 개입해 급등하는 식품 가격을 통제하지 못하면 사회불안과 분쟁이 발생할 수 있다.

굶주림은 사람들을 공격해 굴복시키는 무기로 쓰이기도 한다. 유엔은 한 보고서에서 예멘 시민들의 굶주림을 전쟁범죄로 규정했다.[9] 2017년 예멘의 항구 봉쇄로 분쟁에 희생당하고 있는 사람들에 대한 인도적 지원이 막히고, 그들에게 식량을 전달하기 위해서는 먼 거리를 이동할 수밖에 없게 되었다. 수도설비와 식량 운송체계, 농장, 시장 등 민간 인프라 시설도 공격당했다. 예멘의 주요 관문인 항구도시 호데이다에서 전투가 벌어지면서 식량과 깨끗한 물, 의약품을 공급받기가 더 어려워졌다. 예멘의 항구 봉쇄로 굶주리는 인구가 320만 명 증가했고, 기초 농산물 가격이 3배나 급등했다. 2018년이 되자 예멘 시민 중 인도적 지원이 절실한 사람이 전체의 80퍼센트에 달했고, 최소한 800만 명 이상이 기아 상태에 이르렀다.[10] 유엔은 예멘의 상황을 금세기 최악의 인도주의 위기로 규정했다.

식품환경의 불평등

식품환경이란 사람들이 무엇을 먹을지, 무엇을 구매할지 결정하는 곳이다. 농산물 직판장이나 자판기가 늘어선 복도, 식당, 학교 구내식당, 고급 식료품점, 길모퉁이 가게 등이 모두 그런 장소다. 이처럼 다양한 식품환경은 편의성과 외관, 냄새, 물리적 위치, 가격, 포장, 메뉴판 디자인과 배치 등을 토대로 우리가 음식과 관련해 참여하고 결정하는 수준에 복잡한 영향을 미친다.

　식품환경은 불평등할 때가 많다. 조건이 불리한 지역에는 건강한 식단을 구성할 건강하고 안전하고 가격도 적절한 식품 공급원이 부족하다. 식품환경은 지리적

위치와 사회구조와 문화적 다양성에 따라 결정되며, 식
품환경의 질적인 차이로 사회체계의 불평등이 두드러지
게 나타나기도 한다. 거주지역이 도시냐 농촌이냐에 따
라 우리가 선택하고 구입하고 소비할 수 있는 식품의 가
용성과 접근성, 품질이 달라진다. 특정 지역의 제철식품
을 공급하는 곳도 있지만, 그렇지 못한 곳도 있다. 최고
급 신선식품을 아주 다양하고 풍성하게 제공하는 현대적
이고 세련된 식품환경도 있고, 수많은 정크푸드와 겨우
몇 가지 기초식품만 공급하는 엉성한 식품환경도 있다.
바로 1장에서 거론한 식품늪이다.

　식품사막이나 식품늪에서는 식료품을 구매하고 건
강한 식사를 할 만한 장소가 별로 없다. 미국 시골에는
대부분 식료품점 대신 달러스토어(dollar store, 초저가 매장-옮
긴이)가 들어서 있는데, 이곳에는 쉽게 상하는 식품은 거
의 없고 건강에 나쁜 식품이 대부분이다. 미국공영라디
오(National Public Radio, NPR)의 앨리슨 오브리(Allison Aubrey)
기자가 CBS 뉴스에서 달러스토어를 분석한 내용을 보면
아주 흥미롭다.[11]

　동네 소매점과 미국주식회사의 싸움입니다. 달러스

토어는 우리가 쇼핑하는 장소와 우리가 먹는 것에 점점 더 큰 영향을 미치고 있습니다. 신선한 과일이나 채소, 육류는 판매하지 않습니다.

도심지와 마찬가지로 농촌지역에서도 점점 더 확산하는 식품늪이 문제가 되고 있다. 건강한 식품을 판매하는 곳보다 패스트푸드점이나 정크푸드 판매점, 편의점, 주류 판매점이 훨씬 더 많다. 식품사막보다 이런 식품늪이 비만에 훨씬 더 큰 영향을 미친다.[12]

존스홉킨스대학교 블룸버그공중보건대학에서 함께 근무하는 조엘 기틀슨(Joel Gittlesohn) 교수는 볼티모어의 식품환경 개선사업을 이끌고 있다. 볼티모어는 많은 지역이 금융권에서 투자위험지역으로 분류하는 도시다. 소수인종, 특히 아프리카계 미국인이 거주하는 투자위험지역은 투자가 끊기고 식품환경도 낙후되었다. 기틀슨 교수 연구팀은 소수인종이 거주하는 볼티모어의 낙후한 지역에서 소규모로 운영하는 음식점들과 협력해 건강한 식품의 접근성을 개선했다. 도매상과 협력해 소셜미디어나 판매현장에서 영양정보와 음식조리법을 교육했다. 길모퉁이 가게에 신선하고 건강한 식품을 진열하고, 메뉴를 개선하고, 도매상들과 힘을 합쳐 식품 공급사슬을 더 건강하게 개선하는 등 목적이 분명한 개입 덕분에 마침내 지역주민의 식단 다양성은 보다 향상되었다.

대체로 소득수준이 높은 도시와 지역에는 신선한 농산물과 건강한 식품을 판매하는 식료품점이나 녹지공간, 신체활동을 촉진하는 자전거도로가 많다. 또한 의료혜택 수준도 높은 편이어서 기대수명도 길고 전반적인 삶의 질이 높다. 시애틀이나 도쿄, 맨해튼, 런던, 워싱턴 D.C.는 물가가 비싼 도시이며, 녹지공간과 고품질 식품시장에 대한 수요가 높아 자연스럽게 투자가 몰린다. 하지만 이처럼 풍요로운 도시조차 한쪽에는 빈민가가 존재한다.

식품환경은 식품산업와 마케팅에 의해 형성된다. 온갖 방법으로 우리를 유혹하는 식품 마케팅과 광고가 우리 눈앞에 즐비하다. 시골의 옥외광고판이나 영화 예고편에도 등장하고, 주요 스포츠 행사의 협찬광고나 고층빌딩 벽면 광고판에도 실린다. 특히 소득수준이 중간 이상인 국가에서 건강에 나쁜 식품을 광고하는 경우가 많아 조건이 불리하고, 소외되고 가난한 사람들이 형편없는 식품을 선택할 수밖에 없는 환경으로 내몰린다. 식품업계는 소득수준이 높은 소비자의 관심이 떨어지면 저소득층을 공략하는 고전적인 전술을 구사한다. 미국에서 흡연 인구가 줄어들자 저소득 국가로 이전한 담배회사가 이러한 고전적 전술을 구사한 대표적인 사례다. 담배회사에 뒤이어 식품회사와 음료회사도 청량음료와 정크푸드를 전 세계로 내보내고 있다.

다국적 식음료회사가 강력한 마케팅 전략으로 공급한 정크푸드 때문에 전통적인 푸드시스템이 제공하는 음식과 식사 패턴이 설 자리를 잃는다는 주장이 있다. 더 건강한 식품이 판촉활동에서 불리한 위치에 서 있기 때문이다.[13] 이런 우려에 대해 식품업계는 "소비자가 원하는 상품을 공급할 뿐"이라는 말로 정크푸드 개발과 광고를 합리화하며 건강한 식품을 선택할 책임을 오로지 개인에게 떠넘기고 있다. 뉴욕대학교 교수로 《식품정치 (Food Politics)》와 《청량음료정치(Soda Politics)》를 저술한 매리언 네슬(Marion Nestle)은 식품업계의 마케팅 전술에 책임을 묻는 대표적인 인물이다. 그는 이렇게 주장한다.

그런 말을 하는 사람이 아무도 없었지만, 저는 식품업계의 마케팅과 로비 관행을 아동비만의 요인으로 지적했습니다. 그러나 아무런 제재 조치가 없었습니다. 오

히려 더 쉬워졌죠. 오늘날 젊은이들은 기업들이 푸드
시스템을 통제하고, 이들이 이윤에 의해 움직인다는
사실을 잘 알고 있습니다. 미래는 젊은이들의 몫입니
다. 젊은이들이 더 건강하고 지속가능한 푸드시스템
을 지지하는 데 필요한 수단을 확보하길 바랍니다.[14]

아동을 대상으로 정크푸드를 홍보하고 광고하는 활
동이 특히 문제가 된다. 계산대 옆에 사탕을 진열하거나,
텔레비전 만화 사이사이에 다채롭고 흥미로운 광고를 내
보내거나, 건강에 나쁜 식품을 게임이나 장난감에 묶어
팔거나 경품이나 사은품으로 제공하는 것 등이 그러한
예다. 아동은 최적의 성장과 발달을 위해 적절한 영양이
필요한 존재이지만 이런 정크푸드 광고로부터 자신을 보
호할 방법이 거의 없다.

가난을 겪어내는 모습은 사람마다 다르지만, 식품환경
을 어떻게 설계하느냐에 따라 사람들은 더 불리해지거나
믿을 수 없을 만큼 무력해질 수도 있다. 식량불안에 허덕
이는 사람은 건강과 지속가능성에 근거해 결정을 내리는
호사를 누릴 수 없고, 부유한 사람만큼 선택의 폭이 넓지
못한 경우가 흔하다. 그리고 이 때문에 점점 더 소외된다.

육류 생산과
소비의 불평등

푸드시스템과 관련해 윤리적으로 가장 논란이 큰 쟁점들이 제기되는 분야가 바로 육류 생산과 소비다. 굶주리는 사람이 여전히 많은데 늘어나는 고기 수요를 맞추기 위해 주요 곡물을 먹여가며 동물을 키우는 것이 과연 윤리적으로 옳은 일일까? 식량을 마련한다는 단 한 가지 목적으로 동물을 죽이거나 여러 가지 방법으로 동물을 이용하는 것은 윤리적으로 옳은 것일까? 영양이 부족한 사람이나, 무엇보다 동물성 식품을 거의 먹지 못하는 (하지만 건강을 위해 동물성 식품이 필요한) 사람들에게도 고소득 국가의 소비자와 똑같이 육류 소비를 줄이라고 요구하는 것이 과연 옳은가?

　동물성 식품이 인간의 건강에 기여하는 가치는 뜨거운 논쟁거리다. 하지만 동물성 식품이 인간의 성장과 발전에 크게 이바지한다는 것은 분명한 사실이다. 현재 육류와 양식어류, 달걀, 유제품이 전 세계에서 소비되는 총 열량의 18퍼센트와 총단백질의 37퍼센트를 공급한다.[15] 동물성 식품은 생체이용도가 높은 각종 영양소를 제공해 주는데, 이는 곡물 위주 식단으로는 공급할 수 없는 영양소다. 생후 6~23개월의 어린이에게 고품질의 영양을 풍부하게 공급할 수 있는 최고의 식품이 동물성 식품이다. 비타민A나 비타민B12, 리보플라빈, 칼슘, 철분 등 동물성 식품에 풍부한 영양소를 적절히 섭취하지 못하면 빈혈, 성장부진, 구루병, 인지활동장애, 실명, 신경근 결손이 발생하고 결국 사망에 이를 수도 있다. 인지기능저하나 자폐증, 우울증, 치매 등 뇌 관련 질환과 연결되는 것도 미량영양소 결핍이다. 이런 미량영양소는 식물성 식품에서도 얻을 수 있지만, 육류에 포함된 함량이 훨씬 더 높고 생체이용도도 높다. 다시 말해 생체 흡수율이 더 뛰어난 것이다.

　하지만 가난한 사람들에게는 동물성 식품이 그림의

떡이다. 이유는 비싸기 때문이다. 동물성 식품을 충분히 섭취하지 못하는 인구는 8억 명에 이르며, 영양부족으로 크게 고통받는 아프리카와 남아시아 사람들의 육류 섭취량이 세계 최저 수준이다.[16] 이에 반해 고소득 국가에서는 건강에 필요한 양보다 훨씬 더 많은 육류를 섭취하는 사람들이 많이 있으며, 섭취량도 점점 더 증가하고 있다. 건강한 사람은 식물성 식품 위주 식단으로도 필요한 영양소를 섭취하고 비전염성 질환 발병 위험을 낮출 수 있다는 연구결과가 아주 많다.

(어류와 해산물을 제외한) 육류 소비가 최저 수준인 4개국(수단, 인도, 방글라데시, 에티오피아)의 1인당 연평균 육류 섭취량은 상위 4개국(브라질, 우루과이, 호주, 미국) 평균 섭취량의 30분의 1에도 못 미친다. 방글라데시의 1인당 연평균 육류 섭취량은 3킬로그램이고, 미국의 평균 섭취량은 124킬로그램이다.[17]

중고소득 국가의 육류 섭취량은 이미 적정 수준을 넘었지만 계속해서 육류 수요가 증가하고 있다. 전 세계 가금육 생산량은 1961년부터 2014년까지 12배 이상 증가했고, 소고기 생산량은 1961년 이후 2배 넘게 증가했다. 중국의 1인당 (어류와 해산물을 제외한) 육류 섭취량은 1961년보다 15배 정도 증가했다.[18] 중국인은 전 세계 소비량의 3분의 2를 차지할 만큼 돼지고기를 즐겨 먹는데, 매년 4억 마리가 넘는 돼지를 소비한다. 이처럼 증가하는 수요에 맞춰 전 세계 육류 생산량은 1960년대 이후 지금까지 4배 증가했다.

앞으로 저소득 국가에서도 경제가 성장하고 안정됨에 따라 동물성 식품 소비가 증가해 취약계층도 건강증진에 필요한 영양분을 공급받을 수 있게 될 것이다. 2006년부터 2050년까지 전 세계적으로 소고기 수요는 95퍼센트 증가하고, 같은 기간 전체 동물성 식품 수요도 80퍼센트 증가할 것으로 예상된다.[19] 또 가금육 수요는 121퍼센트, 달걀 수요는 65퍼센트 증가할 것으로 추정된다.[20]

현재 육류를 생산하는 축산체계는 환경에 큰 부담을 준다. 온실가스와 환경오염물질을 배출하고 지표면과 지하수를 오염시키고 있으며 많은 땅을 목초지로 바꾸도록 부추긴다. 특히 기후변화에 미치는 영향이 두드러진다. 사료를 고기로 변환시키는 효율이 낮고, 반추동물은 먹이를 발효시키며 가스를 배출하고, 가축 분뇨에서도 가스가 방출되기 때문이다. 게다가 고기를 생산하는 과정에서 환경에 미치는 악영향은 달걀이나 고기, 유제품을 먹을 형편이 되지 않는 사람들에게도 피해를 준다.

동물성 식품 생산은 가축의 생물다양성도 감소시킨다. 지금은 산업적인 생산체계에 적합한 몇 가지 품종이 전 세계 토종가축 대부분을 몰아낸 상태다. 2001년부터 2007년까지 온갖 이유로 멸종된 가축품종이 62종에 이른다. 인간이 소비하는 가축은 40여 종이지만, 그중에서 겨우 5종이 현재 생산되는 육류의 95퍼센트를 차지한다.[21]

축산이 환경에 미치는 영향은 사육하는 동물의 종류, 사육 장소, 축산업자의 생산 관행에 따라 달라진다. 축산물 소비는 (양고기, 가금육, 소고기 같은) 동물의 종류와 (고기, 유제품 같은) 생산품의 종류, (유기농, 방목 같은) 생산방식 등에 따라 세분할 수 있지만 시간이 지남에 따라 엄격하게 감시하고 통제할 수 있는 산업적 환경에서 기르는 동물의 수가 점점 더 증가했다. 기본적인 관리소홀이나 과밀사육 위생 문제로 발생하는 전염병을 줄이기 위해 가축에게 항생제를 주입함에 따라 인간의 항생제 내성 증가에 대한 우려도 제기되었다. 이런 축산체계를 구축한 것은 생산효율성을 높이기 위한 것이지 동물복지를 위한 것은 아니다.

육류를 생산하는 방식에 따라 환경에 미치는 영향은

달라진다. 파키스탄과 몽골, 나이지리아에는 여전히 유목민 생활을 하며 동물을 키우는 목축체계가 남아 있지만, 정반대로 미국에서는 극도로 제한되고 대체로 정적인 환경에서 동물을 키우는 집중적인 사육법이 지배적이다. 아일랜드는 소를 초원에서 목초를 먹여 키우는 방식을 고수하고 있나. 이처럼 육류를 생산하는 방식에 따라 환경의 지속가능성은 물론 국민의 생활에 미치는 영향도 크게 달라진다.

반추동물 혹은 육우처럼 방목해 키우는 동물은 돼지나 닭처럼 사료효율이 높은 동물보다 환경에 훨씬 더 큰 부담을 준다. 가장 흔한 예를 들면, 반추동물에게 먹이는 곡물은 인간도 먹을 수 있는 곡물이며, 사료용 곡물을 기르는 경작지는 다른 작물도 기를 수 있는 땅이다. 현재 고기 수요를 맞추기 위해 기르는 가축이 소비하는 곡물을 열량으로 따지면 전 세계에서 소비하는 총열량의 27퍼센트에 달한다. 자원을 특히 집약적으로 소비하는 것이 소고기다. 소고기 1킬로그램을 생산하려고 먹이는 곡물이 무려 30킬로그램이다.[22] 다른 가축과 달리 반추동물은 달리 쓸모없는 땅에서도 방목해 키울 수 있지만, 안타깝게도 이런 경우는 드물다. 달리 쓸모없는 목초지에서 풀을

170

먹여 키우는 소는 전체의 14퍼센트에 불과하고, 작물에서 나오는 폐기용 부산물을 먹여 키우는 소도 16퍼센트에 불과하다.

　모든 식품 생산체계와 마찬가지로 동물 생산체계도 기후에 영향을 주는 동시에 기후의 영향을 크게 받는다. 동물은 기온이 상승하는 등 여러 가지 이유로 스트레스를 받으면 젖 생산량이 줄거나 성장저하로 고기 생산량이 줄어 인간이 섭취할 열량과 영양분이 감소한다. 강수량의 변화로 물이 부족해지면 동물이 탈수증에 걸릴 수도 있다. 스트레스가 과도하면 동물이 폐사해 농장주의 생계가 심각한 타격을 받을 수도 있다. 지난 20여 년간 사하라 이남 아프리카에서는 몇 차례 혹독한 가뭄이 닥쳐 지역마다 전체 개체수의 20~60퍼센트에 이르는 소가 폐사했다.[23]

　동물성 식품은 환경에 부담을 주지만 인간의 정체성을 구성하는 중요한 요소다. 존스홉킨스대학교에서 내가 이끄는 연구팀이 케냐 북동부에서 가축을 키우며 이동하는 유목민을 연구한 적이 있다. 케냐 유목민은 자신들이 기르는 동물을 귀하고 소중히 여긴다. 동물이 이들의 전통과 문화, 생활에서 아주 큰 비중을 차지한다. 하지만 기후변화와 자원고갈이 유목민의 삶을 점점 더 위협하고 있다. 보라나족 유목민과 인터뷰할 당시 한 여성이 이렇게 한탄했다.

> 가축을 방목하기가 무척 힘듭니다. 유목민은 거주지와 농장 틈새에 낀 신세입니다. 농장에서 풀을 뜯기면 싸움이 납니다. 가뭄이나 기근으로 이웃 주민들이 자주 습격하는 것도 불안하고요. 습격 때문에 가축 키우는 일이 목숨을 거는 일이 됐습니다.[24]

먹이, 물, 땅, 이 모든 것이 갈수록 접근하기 어려워지고 있다. 기후변화 때문에 목축을 생계수단으로 선택한 인구가 이미 감소했다. 하지만 불행히도 목축을 포기한 유목민에게는 부정적인 결과가 따라온다. 연구 결과, 유목민이 이동생활을 접고 한곳에 정착하면 대체로 건강상태가 나빠지는 것으로 확인되었다.[25]

2019년 우리 연구팀은 미국인이 소고기를 그토록 즐겨 먹는 이유도 조사했고, 인터뷰를 진행하며 미국 소비자와 생산자의 생활양식과 신념을 이해하게 되었다. 목장주들과 이야기를 나누며 이들이 소고기 생산을 문화와 정체성, 유산의 일부로 여긴다는 사실을 알게 되었다. 목축은 그들 목장주를 규정하는 삶의 방식이었다. 갑자기 목장 운영을 중단하면 정신건강에도 해로울 것이라고 걱정하는 사람이 많았다. 소규모로 목장을 운영하는 65세의 한 목장주는 이렇게 토로했다.

삶의 방식이 아니라면, 목장을 운영하며 얻는 정신적 치료효과나 마음의 평화가 없다면, 목장을 열정적으로 운영할 수 없거나 뭔가 더 나은 일거리를 찾아야 할 정도로 소득이 너무 낮습니다.[26]

많은 생산자와 목장주가 더 지속가능한 생산방식을 채택하고 있다는 사실을 발견한 것은 고무적인 성과였다. 네브래스카주 소규모 목장에서 일하는 47세의 근로자는 이렇게 이야기했다.

'지속가능한'이라는 단어를 유행어처럼 함부로 쓰는 느낌이 들 수도 있겠지만, 저희는 이 단어를 사람과 공동체, 천연자원 보호, 수익성 앞에 붙는 말로 규정합니다. 이들이 우리 목표입니다. 모든 목표를 동시에 달성해야 하죠. 어느 한 목표를 버리고 그 대가로 다른 목표를 성취하는 것이 아닙니다. 가령, 저희는 천연자원을 함부로 관리한 결과로 수익을 내고 싶지는 않습니다. 좋은 사람들과 어울리고 사업동료들을 보살피는 일보다 수익창출을 우선시하고 싶지도 않고, 공동체가 쇠퇴하는 것도 원치 않습니다.[27]

동물은 인류가 존재하기 시작한 이후 지금까지 인간 삶에 필수적인 존재였다. 그리고 산업혁명과 함께 동물을 바라보는 시각이 바뀌었고, 동물 소비에 더 초점을 맞추게 되었다. 전 세계에서 소비되는 많은 동물이 집중사육시설에서 키워진다. 이런 사육시설에서 동물복지는 산업적 생산목적을 달성하고 인간을 위한 식품안전성을 확보하기 위한 원칙일 뿐 동물의 본질적인 복지는 대수롭지 않은 문제로 취급된다.

현재 전 세계 농업의 하위분야 중 가장 빠르게 성장하는 분야가 축산업이다. 전 세계 개발도상국 농업 GDP의 평균 40퍼센트를 차지하는 것이 축산물이다. 전 세계 빈민의 절반 이상이 축산업에 몸을 기대 생계를 꾸리고, 소득을 올리고, 보험료를 내고, 식량을 마련한다. 결국 축산물이 빈곤을 근절하는 과정에서 중요한 역할을 하게 될 것이다.

현재까지 확인된 최상의 지속가능한 생산 관행을 축산업에 접목한다면 축산물이 배출하는 온실가스가 14~41퍼센트 정도 감소할 수 있다.[28] 육우 외에 다른 동물성 식품에 다시 초점을 맞추거나, 농부가 작물을 재배하는 동시에 가축도 기르는 혼합농업 체계를 도입하는 것도 축산물의 환경발자국을 줄이는 또 다른 방법이다. 소의 사료효율을 높이는 방법도 있다. 예를 들어, 영국의 목장주들은 소의 숫자를 줄이면서 생산량은 유지할 수 있도록 사료효율이 높은 육우 품종을 초지에 방목하는 방식을 도입했고, 이에 따라 메탄가스 배출량이 28퍼센트 감소했다.[29]

지속가능한 생산을 하려면 환경 관리와 더불어 자원을 더 효율적으로 이용해야 한다. 축산이 환경에 미치는 악영향을 줄이는 방법은 많이 있다.

- 가축의 사료효율과 건강, 유전적 특징을 개선한다.
- 방목 관리를 포함해 사육 방식과 사료 생산 방식을 개선한다.

- 생산성과 효율성이 뛰어난 가축만 남기고 사육 숫
  자를 줄인다.
- 시장에 내놓을 만한 크기나 중량까지 성장하는 시
  기를 앞당긴다.
- 영양분과 에너지를 재생하고 재활용하도록 분뇨
  를 관리한다.

산업적인 대규모 생산을 억제하고 더 지속가능하고
인도적이며 균형 잡힌 생산을 장려해야 한다.

동물성 식품의 지속가능성을 향상하려면 소비자도
바뀌어야 한다. 육류를 과잉소비하는 사람은 섭취량을
줄이고, 육류 섭취량이 너무 적은 이들이 동물성 식품을
더 많이 소비할 수 있도록 해야 한다. 고소득 국가는 동
물성 식품 소비를 줄이고 경제가 빠르게 성장하는 국가
는 동물성 식품의 과소비를 경계해야 한다. 세계자원연
구소(World Resources Institute, WRI)는 파리협정(Paris Agreement)
에서 채택된 온실가스 배출량 감축목표를 달성하려면 성
인이 동물성 식품 소비를 30퍼센트 줄여야 한다고 추산
한다. 유제품 같은 동물 부산물과 육류처럼 자원집약적
인 식품이 인간의 건강을 지키는 필수 요소라면 전체 인

구에게 공평하게 제공되는 것이 마땅하다고 주장하는 윤리학자들도 많다.

자원을 덜 쓰면서도 육류를 대체해 단백질을 공급하고 미량영양소 결핍을 방지할 수 있는 대안도 고민해야 한다. 연체동물이나 (태국의 수생곤충과 멕시코의 메뚜기, 아프리카의 메뚜기와 흰개미 등 세계 여러 곳에서 음식재료로 즐겨 사용하는) 곤충은 식품으로 매력은 떨어지겠지만, 덩치가 큰 동물에서 식품을 생산할 때보다 환경오염을 줄이면서 아주 많은 영양을 공급할 수 있는 대안이다.

육류 수요 증가와 산업화된 동물 생산체계의 확산을 우려하는 이유는 효율에만 초점을 맞추고 동물을 대하는 윤리적 태도를 고민하지 않기 때문이다. 더 적은 자원을 사용하면서 모든 나라에 공평하게 영양분을 공급할 수 있는 인도적 대안도 고민해야 한다. 양식어류나 연체동물, 곤충, 고단백질 식물성 식품은 지구에 남기는 발자국을 줄이고 동물의 희생도 덜며 많은 영양을 공급하는 대안이 될 수 있다.

기술혁신으로 축산 방식을 바꾼다 해도 여전히 남는 중요한 문제들이 있다. 식물성 대체육과 배양육이 앞으로 점점 더 중요해질 텐데, 이런 대체식품이 맛도 좋고 널리 보급되어 적정한 가격에 팔릴 수 있을까? 초가공 처리과정을 거치고 영양학적으로 미심쩍은 대체식품에 불과하지는 않을까? 이런 새로운 식품을 생산하려면 어떤 에너지 자원이 필요할까?

저소득 국가는 지금도 축산과 관련해 다른 나라들에 뒤처져 있고, 아프리카 같은 지역의 사람들은 이제 자기들 차례가 되었다고 주장한다. 현재 직면한 문제는 고소득 국가 때문에 생긴 것이며 개발도상국은 동물성 식품을 생산하거나 즐길 기회도 없었다고 호소한다. 하지만 불행히도 기후변화로 인해 상황이 달라졌다. 이제 기후변화에 대처할 때에 이르렀는데 만약 지금과 같은 상태를 유지한다면 그 누구에게도 기회가 돌아가지 않게 될 것이다. 모두를 포용하고 지속가능하며 건강한 푸드시스템을 다시 구축해야 한다. 누군가는 더 많이 양보해야 할 것이다. 특히 필요 이상으로 많은 자원을 소비하는 사람들이 더 크게 양보해야 할 것이다.

동물성 식품은 지속가능성과 건강에 득이 될까, 해가 될까? 현실적으로 득이 되기도 하고 해가 되기도 한다. 기후변화가 지속가능성을 따지는 유일한 척도는 아니다. 지속가능성은 인간과 동물의 건강과 복지, 공평,

안전도 포함하는 개념이다. 동물성 식품의 지속가능성을 이야기할 때 흔히 간과하는 것이 있다. 바로 동물성 식품의 과소 섭취가 여성과 아동 등 영양학적으로 취약한 사람들의 삶과 미래에 미치는 영향이다. 앞으로 우리는 축산 방식을 더 지속가능하도록 개선하는 것과 더불어 동물성 식품의 접근성을 높이고 적절히 소비할 수 있도록 해야 한다. 고소득 국가에 사는 사람들은 동물성 식품 소비량을 분명히 줄일 수 있다. 매일 하루 세끼 동물성 식품을 섭취할 필요는 없기 때문이다. 이렇게 되면 축산과 관련한 동물복지 문제도 개선되고 환경에 미치는 영향도 줄이면서 영양, 생계, 식량안보, 건강 문제까지 개선할 수 있다.

육류를 포함한 식단을 꾸밀 때 유념할 점

당신이 채식주의자든, 무엇이나 가리지 않고 먹는 사람이든, 가축사육이 환경에 미치는 영향과 사육·포획·도살과 관련해 제기되는 동물복지 문제가 무엇인지 잘 알고 있을 것이다. 반채식주의자나 해산물 채식주의자, 키토제닉 식단을 즐기는 사람도 모두 마찬가지일 것이다. 과연 동물을 잡아먹어도 되는지, 동물을 식용으로 쓸 수 있다면 어떻게 사육해야 하는지 그 기준은 문화마다 다르다. 그러나 식단을 결정하고 개선하고자 할 때 다음을 유념하기 바란다.

- 자신의 건강: 인간은 동물 단백질을 많이 섭취하지 않아도 건강을 지킬 수 있다. 육류를 과도하게 섭취하면 (베이컨 같은 초가공 육류로 인해) 심장질환이나 암 등 여러 가지 의학적 문제가 발생할 수 있으며, 채식 위주 식단이 건강에 좋다는 것은 이미 확인된 사실이다.
- 반려동물의 건강: 가족 구성원이 동물성 식품을 얼마나 먹는지 따

지는 가정도 반려동물이 먹는 육류 섭취량은 등한시하는 경우가 많다. 사료 생산도 거대한 산업이고, 인간이 먹는 식량과 똑같은 마케팅 전략이 적용된다.

- 환경의 건강: 소처럼 방목해서 키우는 가축은 온실가스 총배출량의 14퍼센트에 이르는 메탄가스를 내뿜으며 환경에 나쁜 영향을 준다. 2019~2020년 아마존 분지에서 여러 차례 발생한 대규모 산불은 소를 키우거나 콩을 재배하기 위해 삼림을 벌채한 것이 화근이 되었다. 이 과정에서 무수히 많은 동식물이 사라졌다.

- 지구의 건강: 조류독감, 돼지독감, 코로나19 등 인수공통전염병은 (박쥐 등) 동물에서 인간으로 바이러스가 전파된다. 미국의 육류 가공처리공장에서 잇달아 코로나19 감염증이 발생해 공장 노동자들이 감염되고, 판로가 막힌 무수한 가축이 '살처분'되었다.

지속가능하고 인도적이고 건강한 식품을 구매하기 위해서 무엇을 살펴야 할지 막막할 수도 있다. 다음의 몇 가지 사항을 참고하면 도움이 될 것이다.

- 몬터레이만수족관(Monterey Bay Aquarium)은 지속가능한 해산물을 인증하는 시푸드 워치(Seafood Watch) 프로그램을 통해 소비자와 기업들에게 환경훼손이 적은 해양식품을 추천한다.

- 육류를 고를 때는 방목 인증이나 유기농 인증을 확인하자. 또 항생제를 남용하지 않는 기업의 제품인지 확인하라. 인도적 농장 인증이나 동물복지 인증, 식품협동조합 인증처럼 제3의 독립 기관에서 확인한 동물복지 인증 표시도 참조하라.

- 달걀 상자에 표시된 정보는 해독하기가 까다롭다. '유기농 인증' 표시는 미국 농무부의 동물복지 기준을 통과한 달걀에만 부착된다. 닭장에 가두지 않고 야외에서 키운 닭이 낳은 달걀을 구입하려면 '자유 방목'이나 '초지 방목' 표시를 확인하면 된다. ('케이지 프리(cage free)' 표시는 비좁은 닭장에 가둬 키우지 않은 것을 의미할 뿐 야외에서 키운 닭이 낳은 달걀은 아니다.)

- 해산물이나 육류의 라벨에서 확인되지 않는 정보가 있으면 판매원에게 문의하고, 해당 기업 홈페이지에서 동물복지 기준을 확인하라. 이때 기업의 마케팅 언어에 현혹되지 않도록 주의하자.

여성 불평등

식품업계에 몸담은 근로자 대다수가 여성이고, 가족이 먹을 음식을 만드는 일도 대부분 여성이 감당하고 있기 때문에 여성은 푸드시스템이 계속 기능하고 작동하도록 만드는 주인공이라 할 수 있다. 텃밭이나 육류생산공장 작업대에서 생산에 참여하는 것부터, 식품을 구매하고 가정에서 음식을 조리하는 일까지, 식량 공급사슬 전체를 통틀어 여성은 중요한 역할을 한다. 하지만 여성이 무시당하고 홀대받고 박탈감을 느끼는 일이 흔하다. 특히 생계를 위해 소규모로 농사를 짓는 부담을 짊어진 주부들이 불평등한 처지에 놓여 있다.

　우리 세상에는 아주 무거운 짐을 진 여성들이 여전히
많다. 에티오피아 북부는 테프를 많이 길러 에티오피아의
곡창지대로 평가되는 지역이다. 테프는 온 국민이 즐겨
먹는 스펀지 모양의 빵 인제라를 만드는 재료로 쓰인다.
이곳에서는 여성이 열세 살이나 열네 살 무렵에 조혼하고
곧바로 아이들을 낳아야 하는 부담을 진다. 이런 과중한
부담 외에도 가정에 필요한 물을 길어 오는 책임까지 떠
안고 있다. 하루에 20~30킬로미터를 걸어가 20킬로그램
이 넘는 물동이를 머리에 이고 돌아오는 경우가 흔하다.
아이와 남편을 보살피고, 시댁 식구나 친척들까지 돌본
다. 지금도 세상에는 아이를 낳다 죽는 여성이 많다. 특히
의료체계가 낙후한 저소득 국가에서 여성이 출산 중 사망
하는 경우가 많다. 이런 지역을 돌아다녀 보면, 권한과 기
회를 박탈당한 채 남성과 달리 부수적인 존재로 대접받는
여성들이 그 많은 책임과 무거운 부담을 짊어진 채로 건
강을 유지하고 정상적으로 기능한다는 것이 놀라울 따름
이다.

　가족을 돌보는 일 외에도 식량을 생산하고 수확하는
일까지 책임지는 여성이 많지만 그 노력과 공로를 인정
받지 못하는 경우가 흔하다. FAO의 조사에 따르면, 여

성이 전 세계 식량 생산의 60~90퍼센트를 책임지고, 개발도상국의 여성이 농업 노동력의 40퍼센트 정도를 감당한다고 한다.[30] 소규모 자작농 대부분이 여성이며, 도시화가 진행되면서 남성들이 일자리를 찾아 인근 도시로 떠나면 식량을 생산하고 생계를 꾸리는 여성들의 부담은 더욱 커진다. 남성들이 도시나 타국으로 떠나게 되면 생물다양성이 손실되지 않도록 보호하고 지키는 일도 여성들의 책임이 된다. 그들이 건강과 환경개선에 이바지하는 전통품종과 농사법을 잘 알고 있기 때문이다. 네팔이 바로 이런 경우다. 네팔 남성들은 대부분 두바이의 고층건물 공사현장이나 카타르의 월드컵 축구경기장 건설현장에서 일을 하고, 고향에 남은 여성들이 가족과 땅을 돌보는 임무를 맡는다. 그래서 이런 현상을 '농업의 여성화'라고 부르는 사람도 있다.

농업에서 여성이 부담하는 책임은 더 커졌지만, 땅과 가계소득에 대한 여성의 접근과 통제는 여전히 제한적이다. 남성과 달리 여성이 가축이나 땅의 소유권을 획득하는 경우는 아주 적고, 소유권을 얻는다 해도 여성의 몫이 남성의 몫보다 적다. FAO는 농업에서 나타나는 성별격차를 해결하면 영양부족 발생률이 12~17퍼센트 감소할 것으로 추산한다.

여성은 기후변화의 부작용도 불균형적으로 감당하고 있다. 기후변화로 인해 식량이 귀해지고 가격이 상승해 음식 섭취량은 줄고 전염병이 증가함에 따라 산모와 아이의 건강이 위협받고 있다. 기온이 상승하며 열 스트레스가 증가하면 농사에 참여하는 여성의 조산율도 올라간다. 종일 허리를 숙였다 펴는 농사일은 조산 위험을 증가시킨다.[31]

강요된 성역할과 성규범으로 인해 지금도 여성이 평등한 교육권과 토지권을 행사하지 못하고 공평한 금융서비스를 받지 못하는 지역이 많다. 같은 일을 해도 여성이 남성보다 돈을 적게 받는 경우도 흔하다. 여성의 사회경제적 지위가 향상되면 그 자녀와 가정의 영양상태나 위생, 학업성취도가 증가한다는 것은 이미 수많은 데이터로 입증된 사실이다.[32] 여성이 더 많이 배우고 식량안보를 개선할 자원을 이용할 수 있으면 본인은 물론 그 자녀들 건강이 놀랄 만큼 크게 개선된다.[33] 특히 결혼하는 나이와 처음 임신하는 나이, 임신 간격, 자녀 수가 모두 산모와 아이의 영양에 큰 영향을 미친다.

식량을 생산하고 유통하고 소비하는 이들이 식량 생

산·유통의 구조와 정책도 통제할 수 있도록 하려는 것이 식량주권운동이며, 그 선결과제가 양성평등이다. 식량주권운동은 대기업이 행사하는 힘을 사람들에게 넘겨주어야 한다고 주장한다. 그리고 농업에서 그 힘을 넘겨받을 사람은 대부분 여성이다.

　푸드시스템 안에서 어떤 결정을 내릴 때마다 득을 보는 대상이나 사람, 손해를 보는 대상이나 사람이 생기기 마련이다. 당연히 정부는 이해득실을 꼼꼼히 따진 뒤 건강한 식품의 생산과 소비를 모두에게 장려하는 정책을 세워야 마땅하지만, 안타깝게도 그렇지 않은 경우가 많다. 식음료기업을 향해 더 건강하고 지속가능한 식품을 생산하고 판매하라는 압박이 점점 더 커지는데도 불구하고 이들 기업은 그 책임을 소비자에게 떠넘긴 채 힘없고 제 목소리도 좀처럼 내지 않는 사람들을 공략한다. 결국 소비자는 식단을 선택할 때 가격, 거주지, 신분, 사회규범에 영향을 받는 수많은 취사선택에 직면하게 된다.

　지구에 되돌릴 수 없는 피해를 입히지 않으면서 건강한 식품을 전 세계에 공평하게 공급하는 사람들을 향하도록 푸드시스템의 궤도를 변경하는 일이 시급하다.

정부의 정치적 의지와 기업을 독려하는 강력한 유인책, 소비자의 인식과 열의, 공동체의 역량이 모이면 그리 어려운 일이 아니다. 푸드시스템에 존재하는 불평등을 해소하고 생존 가능한 지구를 다음 세대에게 물려줄 수 있도록 정부와 식품업계의 책임감을 끌어올려야 한다. 그러려면 우리가 어떻게 힘을 모아야 할까? 이것이 다음 4장과 5장의 주제다.

4

더 나은 정책이
더 나은 식품을
만들까?

세계 푸드시스템이 바뀌려면 광범위한 수준의 두 가지 변화가 필요하다. (이 장에서 다룰) 정책 변화와 (다음 장에서 다룰) 개인의 행동 변화다. 그야말로 대대적인 변화가 요구된다. 식량 정책은 모든 사람이 적당한 가격에 안전하고 건강한 식품을 이용할 수 있도록 보장해야 한다. 농부와 근로자는 지원받고, 동물은 인도적으로 대우받고, 공기와 물과 땅은 미래 세대를 위해 보호받는 것이 마땅하다. 하지만 현재 미국을 비롯해 그 어느 나라의 식량 정책도 이런 목표를 전혀 달성하지 못하고 있다. 환경을 보호하면서 인간의 건강과 복지를 향상하기 위한 종합적인 푸드시스템 정책을 펴는 나라가 한 곳도 없다. 농업 정책을 펼치고, 식생활 지침을 알리고, 기후변화 정책까지 펼치는 나라는 많이 있지만, 이 모든 정책을 종합적이고 일관된 전략으로 통합해 푸드시스

템 전체를 고민하는 나라는 거의 없다. 그러다 보니 여러 정책의 목표가 서로 충돌하곤 한다.[1]

전 세계적으로 농업 정책은 (콩, 옥수수, 쌀, 밀 등) 기본적인 주요 곡물의 생산증대와 생산보조금 지급, 획일적인 생산공정에 초점이 맞추어져 있다. 하지만 이런 패러다임은 많은 결함을 안고 있다. 우선 건강과 환경 문제를 효과적으로 통합하지 못한다. 식량이 손실되거나 쓰레기로 버려지지 않도록 막아야 할 필요성도 느끼지 못하고, 모든 사람이 즐길 수 있는 건강한 식단을 권장하지도 못한다. 그리고 분쟁이나 기후 관련 자연재해, 팬데믹 등으로 발생한 푸드시스템의 혼란도 효과적으로 해결하지 못한다.

정부는 건강한 식단을 권장하면서 개인 차원의 행동과 결단에 집중해 개입한다. 하지만 식품 선택은 단순히 개인적인 결정이 아니며, 정부의 이런 개입이 오히려 식단 불평등을 악화시킬 수도 있다. 식단은 거주지와 신분, 이용 가능한 선택사항에 의해 구성되며, 체제 깊숙이 자리한 (그리고 흔히 눈에 띄지 않는) 사회적 요인과 불공평도 식단에 영향을 끼친다. 개인적 결단에 집중하는 정책보다는 인구보건 정책에 집중하는 접근법이 더 효율적이고 공정하며 시행효과도 더 크다.

식량 정책은 생산부터 가공, 유통, 마케팅, 구매, 소비에 이르기까지 식량 공급사슬의 모든 단계에 효력을 미친다. 농업, 건강, 영양, 식생활 지침, 환경, 물, 음식물쓰레기, 바이오에너지 생산, 교역, 운송, 경제에 관한 정책이 모두 식량 정책에 포함된다. 식량 정책은 푸드시스템의 복잡성을 반영하지만, 다행히 이런 복잡성 덕분에 변화의 기회도 무수히 많다.

정부 개입과 적절한 정책 시행이 제대로 결합하면 건강과 환경의 복원력이 빠르게 개선될 수 있다. 그런데 정부의 정책들은 서로 어긋나는 경우가 있다. 식생활 지침을 알리고 다양하고 건강한 식단을 권장하는 정책과 건강에 반드시 좋다고 할 수 없는 주식 작물과 기름을 짜기 위한 작물에 농업보조금을 지원하는 정책은 서로 충돌한다. 정부는 다각도로 개입해 정책들이 상호 보완하도록 조정해야 하고, 기득권층보다 일반시민의 요구를 우선시해야 한다.

농업체계의
다양성 향상

현재 농업 분야가 안고 있는 중요한 과제는 모든 사람이 필요한 영양분을 섭취하도록 양과 질에서 모자람 없는 식량을 충분히 공급하는 동시에 현 세대와 미래 세대가 모두 식량을 생산할 수 있도록 천연자원을 보존하는 것이다. 정부정책도 인간의 건강과 지구의 건강을 동시에 추구해야 한다. 만병통치약 같은 해결책은 없다. 푸드시스템, 인구, 기후, 식량이 재배되는 생태계에 따라 다양한 접근방식이 필요하다.

　　푸드시스템의 지속가능성과 건강을 향상하기 위해

정부가 할 수 있는 가장 중요한 기능 중 하나가 농업의
다양성을 유지하는 것이다. 농업체계를 다양화하면 단
일경작을 할 때보다 수확량이 상황에 따라 20~60퍼센
트 증가하는 것으로 연구 결과 확인되었다.[2] 또한 농장의
농업 다양성을 향상하면 영양이 풍부한 식량을 1년 내내
생산해 가정과 지역의 식단도 개선할 수 있다. 농업경관
의 생물다양성을 최적화하고 물과 각종 천연자원을 관리
하면 건강한 농업생태계와 안정된 생계기반을 구축할 수
있다.

　농업을 관장하는 정부부처는 악천후, 병충해, 질병
에 강한 다양한 식물종자와 가축품종의 보급을 늘려 농
업의 생물다양성과 영양을 향상시킬 수 있다. 피복작물
심기, 돌려짓기, 거름, 그리고 적절한 비료는 토질을 개
선하고 잠재적으로 식품의 영양분도 증가시킨다.

　정부는 농업 다양성을 지지하고 강력한 농업진흥 지
원을 제공하는 농민단체와 지역단체, 사회운동을 적극
도와야 한다. 미크로네시아 폰페이에서 관계부처들이 합
동해 지역사회 기반 사업을 대대적으로 펼쳐 생물다양성
을 진작하고 전통식단 변화에 대처한 것이 이러한 정부
지원의 좋은 사례다. 영양학자로서 로컬푸드의 중요성을

강조한 로이스 엥글버거(Lois Englberger)가 1998년에 시작한 이 계획은 두 개의 슬로건을 내걸었다. 황육종 식물품종을 권장하는 '고 옐로(Go Yellow)'와 타국에서 단일경작해 수입한 식품 대신 다양한 로컬푸드의 생산과 소비를 촉진하는 '레츠 고 로컬(Let's Go Local)'이다.[3] 정부는 학교와 청년 모임, 모유수유 모임 등을 찾아가 워크숍과 설명회를 열고, 대중매체에 광고하고, 홍보자료를 배포하는 등 사업을 적극적으로 지원했다. 이러한 정부 개입은 다른 나라에서 지역의 생물다양성과 영양개선을 지원하고자 할 때 본보기로 삼을 만한 지침이 되었다.

물론 이런 변화를 추진할 때 대중의 지지를 얻는 과정이 쉽지는 않을 것이다. 에티오피아나 우간다, 케냐처럼 지질과 날씨를 종잡을 수 없는 곳에서는 다양한 작물을 재배하는 것이 큰 모험이기 때문에 자급자족하는 소규모 농부들은 다양한 작물 재배로 농사 방식을 바꾸는 것을 망설인다. 농업경관을 다양화하고 여러 종류의 작물을 재배하라고 권하면 농부들은 흔히 이렇게 반응한다.

가뜩이나 지금 생산하는 식량도 부족한데, 돈이 되는 주요 작물 외에 식량의 종류를 다양화하라고 하는 이유가 뭐죠?

농부들은 중요한 소득원을 잃고 싶지도 않고, 수익성이 불확실하거나 판로가 확보되지 않은 다른 작물에 자원을 투입할 마음도 없다. 영양과 농업은 늘 줄다리기 싸움을 펼치고, 이런 줄다리기는 맨 위의 정부까지 이어진다. 영양이 수요를 주도하도록 만들 방법은 없을까? 소득창출과 더불어 영양도 그들의 목표로 삼을 수 있도록 농부들과 농업체계를 독려할 방법은 무엇일까?

본보기로 삼을 만한 사례는 많이 있다. FAO는 세계중요농업유산시스템(Globally Important Agricultural Heritage Systems, GIAHS)의 의미를 강조하며 이렇게 평가했다.

농업의 생물다양성, 복원력이 있는 생태계, 그리고 가치 있는 문화유산이 결합해 심미적인 아름다움을 갖춘 뛰어난 농업경관이다. 이는 수많은 소규모 농부와 원주민의 생계를 보장하고, 다양한 상품과 서비스 그리고 식량을 지속가능한 방식으로 공급한다.[4]

FAO는 이들 시스템이 물을 더 적게 사용하고, 토양

에 좋은 영향을 미치며, 천연자원을 보호하고, 높은 수준의 생물다양성을 보장하는 아주 중요한 농사법을 구현하고 있다고 주장한다. 모두 식량안보와 건강한 식단에 이바지하는 방식이다.

세계중요농업유산의 푸드시스템은 지속가능성에 관한 귀중한 교훈을 전해준다. 원주민은 자신들의 로컬푸드가 환경에 적응하고 복원력을 갖추고 있다는 사실을 잘 알고 있다. 전 세계 숲과 초지, 강, 호수, 바다의 천연자원을 이루는 동물과 식물이 생태계 속에서 서로 어울려 살아간다는 것도 알고 있다. 천연자원에 대한 원주민의 지식은 그들의 문화적·역사적 유산에 바탕을 둔 것이다. 즉 동물과 식물 그리고 그 동식물에서 얻는 식량이 원주민과 그들의 조상을 연결하고 있다. 각국 정부는 이 유산을 연구함으로써 지구에 보탬이 되는 농업생산 정책을 만들고 시행할 수도 있을 것이다. 그러나 어떤 곳은 유산으로 물려받은 푸드시스템이 없거나, 그곳의 원주민이 이미 소외되고 무력화되었다. 불행하게도 정부는 늘어나는 인구를 먹여 살릴 열량 생산에 집중하고, 땅이 지역공동체에 제공할 수 있는 또 다른 혜택에 대해서는 종종 우선순위를 낮췄다.

농업 관계부처는 식량 생산자에게 필요한 정보 및 교육, 도구 등을 제공해주는 (지역공동체의 농사 전문가 같은) 자문관과 농업진흥 프로그램에 대한 투자를 강화할 필요가 있다. 하지만 세계적으로 공적 자금을 투입하는 진흥 사업은 감소하는 추세이며, 시행되는 사업도 특정한 몇몇 작물의 농사를 지원하는 수준에서 벗어나지 못한다. 대체로 농업 자문관이 농부들에게 제공하는 정보도 몇몇 작물의 재배법이나 살충제와 제초제를 뿌리는 방법, 돌려짓기하는 방법 정도에 그친다.

우리 연구팀은 세계은행(World Bank)과 협력해 세계 곳곳의 농업 자문관이 농부들에게 기본적으로 영양에 대해서도 교육하고 있는지 조사했다. 그 결과, 영양에 관한 정보는 거의 전달되지 않는 것으로 드러났다. 현재의 농업 서비스에 영양을 통합하도록 자문관을 교육하는 과정도 없었고, 농업부처의 지침도 불분명했다. 지역공동체에 접근할 교통수단이나 통신수단이 빈약하고, 순회교육을 담당하는 여성 자문관들에게 자율적으로 결정할 수 있는 권한이 주어지지 않았다. 그리고 더 심각한 구조적 문제는 농업과 보건 분야에서 영양 문제를 책임지는 사람이 아무도 없었다는 것이다.[5] 그 결과, 어려운 시기에 농부들을 도울 수 있는 정교한 기술을 갖춘 믿을 만한 인력을 양성하지 못했다.

장기적인 분쟁 탓에 푸드시스템 인력이 부족한 지역도 있다. 내가 농업에 관해 많은 것을 배운 컬럼비아대학교의 글렌 데닝 교수는 1980년대에 캄보디아에서 국제미작연구소(International Rice Research Institute)와 협력해 크메르루주 대학살 이후 파괴된 캄보디아의 벼농사 체계와 인력을 복구하는 작업을 진행했다. 데닝 교수가 복구사업에 착수한 초기에는 캄보디아의 훈 센(Hun Sen) 정부를 인정한 나라가 소련과 쿠바를 비롯한 소련의 위성국들, 그리고 소련의 영향권에 들지 않는 곳으로는 인도뿐이었다. 데닝 교수는 이렇게 이야기했다.

> 분쟁에서 벗어날 때 일반적으로 인프라는 최저 수준이고 인적 자원도 아주 제한적인 경우가 많다고 생각합니다. 그러니 다른 사람의 기술을 빌리고, 스스로 연구 역량을 쌓아야 합니다.[6]

진흥사업 서비스를 받을 기회가 없고 역량도 부족하다면 농부들이 새로운 기술을 도입하거나 적응하기는 매우 어려워진다. 르완다 농촌에서 기계화는 전혀 모른 채 최소한의 도구를 사용해 소규모로 농사를 짓는 여성은 더 복잡한 기술이 개발될수록 점점 더 뒤처질 것이다. 하지만 이런 기술이 게임체인저가 될 수도 있다. 르완다의 이 여성 농부가 수십 년간 이어온 낡은 기술을 한 번에 뛰어넘어 더 효율적인 방법으로 농사를 짓는 결정적인 계기를 얻을 수도 있다. GPS, 드론, 로봇공학, 분광학적 토질조사, 공간정보지도 작성, 클라우드 컴퓨팅을 통합한 정밀농업 같은 기술들이 모두 땅을 더 효율적으로 관리하는 데 보탬이 된다.[7] 혁신적인 기술 개발을 위해서는 대학과 기술회사의 연구개발 투자와 더불어 정치적 지원과 관련 법 정비가 필요하다. 신기술을 바라보는 시각이 아주 다양하다는 것은 인정하지만, 정부는 거대한 장벽에 막혀 시행이 지연되는 일이 생기지 않도록 신기술에 대한 규제 절차를 간소화할 필요가 있다.

영양을 생각하는
농사

지속가능한 농사와 작물재배 체계에 다가서는 또 하나의 접근법이 영양에 민감한 농업이다. 영양에 민감한 농업은 수확을 늘리는 것뿐 아니라, 식량 생산의 지속가능성을 강화하고 작물의 영양성분을 증가시키는 것을 목표로 한다. 현재 전 세계에서 생산되는 작물의 총열량 중 36퍼센트가 동물의 사료로 사용되고, 그중 12퍼센트만이 (육류나 기타 동물성 식품으로) 최종적으로 인간의 식단에 기여한다.[8]

　동티모르에서는 5세 미만 아동 중 약 60퍼센트가 만성 영양실조에 시달리고, 빈혈을 앓는 아이도 39퍼센트에 이른다. 그곳에서 나는 농업부의 '생명의 씨앗(Seeds of Life)'이라는 사업에 참여한 적이 있다. 식량안보 개선에도 이바지할, 영양에 민감한 농업 전략을 개발하는 사업이었다. 당시 내가 특히 중요하게 생각한 목표는 쌀과 카사바 같은 주요 작물의 범위를 뛰어넘어 영양에 민감한 농업에 대한 투자를 늘리도록 설득하는 일이었다. 그때 겪은 어려움이 영양에 민감한 농업을 시행할 때 따르는 난관을 대변해준다. 영양의 관점에서 농업을 바라보도록 농업부를 설득하는 작업이 쉽지 않았다. 농업부의 주요 관심사가 쌀 생산량을 늘려 소득을 창출하는 일이었기 때문이다. 그렇지만 '생명의 씨앗' 사업은 지역환경에 적합한 콩류와 견과류 등 새로운 종류의 작물을 도입하는 등 몇 가지 중요한 성과를 거두었다.

영양에 민감한 농업의 또 다른 형태는 땅을 통합적이고 총체적으로 이용하고 보유하는 정책에 투자하는 것이다. 작물재배와 가축사육을 혼합하면 기후가 가축에 미치는 영향을 최소화하고 식량의 영양성분을 개선할 수 있다. 혼합농업 체계를 갖추면 작물손실에 대한 복원력도 생기고, 작물재배나 가축사육 한 가지로 얻는 소득보다 더 안정적인 추가소득을 기대할 수 있다. 그 좋은 예

가 벼농사를 지으며 민물고기를 양식하거나, 과수원을
운영하며 가금류를 기르고, 가축을 사육하며 피복작물을
심는 것이다.

말라위는 옥수수와 콩의 사이짓기로 토양의 건강과
식단의 다양성을 개선하고, 공동체의 영양 교육에도 기
여했다.[9] 이런 변화 덕분에 5세 미만 아동의 체중이 증가
하는 의미심장한 성과도 거뒀다. 발리는 계단식 논에서
수중생물과 오리, 쌀을 통합해서 기르는 벼농사로 생태
계를 조화롭게 지키고 있다. 하지만 이런 농사 방식이 비
용 대비 효율적이고 확장 가능성이 있는지 여전히 의문
을 품은 채 도입을 망설이는 정부들이 있다.

생태학적 상호보완성을 여실히 보여주는 사례 중 하
나가 메소아메리카 문명권의 세 가지 주요 작물인 '세 자
매'다.

- (볏과 식물인) 옥수수
- (질소고정(nitrogen-fixing) 콩류인) 콩
- (낮게 자라는 덩굴식물인) 호박

이 셋을 함께 재배하면 성장이 극대화하고 영양이

최대화한다. 볏과 식물로 곧게 높이 자라는 옥수수는 광합성을 극대화하고, 옥수숫대를 타고 오르는 콩은 토양을 비옥하게 만들어 옥수수의 성장을 돕는다. 지표면 근처에서 자라는 호박은 땅이 마르지 않도록 넓은 잎으로 그늘을 드리운다. 영양의 관점에서 보면 옥수수는 탄수화물과 단백질을 공급하는 중요한 식품이고, 콩은 단백질과 철분, 비타민B군 함량이 높으며, 호박은 비타민A와 섬유질이 풍부하다.

앞으로는 건강과 지속가능성을 위해 양식업과 관련한 정책이 훨씬 더 중요해질 것이다.[10] 양식을 연근해로 옮기거나 육상순환여과 시스템을 도입하면 재생 가능한 에너지원을 이용할 수 있을 뿐만 아니라 환경발자국도 줄일 수 있다. 연어나 송어처럼 몸집이 큰 어류를 키우며 조개류와 해초를 함께 기르는 다영양양식은 양식 시스템을 더 지속가능하게 개선할 수 있는 방법이다. 양식의 효율성이 갈수록 개선되고 있지만, 틸라피아(tilapia, 역돔이라고도 불리는 민물고기—옮긴이)나 메기, 잉어처럼 식물성 단백질과 기름으로 비교적 쉽게 키울 수 있는 어종이나 홍합과 조개 같은 쌍각류 연체동물에 집중하는 전략도 필요하다.

통합양식은 기후변화에 대응하는 방법으로도 필요하

다. 벼농사와 물고기 양식을 병행하는 방법은 지금으로부
터 1,700년 이전에 중국에서 시작되어 현재 캄보디아, 발
리, 방글라데시 등에서 시행되고 있는데, 식량안보에 대
단히 중요한 쌀을 생산하는 동시에 고품질의 단백질과 필
수지방산, 중요한 미량영양소를 공급하는 귀중한 생선도
함께 생산한다. 벼농사와 물고기 양식을 병행하면 벼 한
종류만 집약적으로 키울 때보다 쌀 수확량은 줄어들지만,
전체적으로 생산하는 영양분은 훨씬 더 많아진다. 또 환
경의 지속가능성도 높아진다. 이렇게 키우는 어류와 수생
생물이 해충을 잡아먹고, 이들이 배출하는 배설물이 천연
비료가 되기 때문이다.[11] 하지만 시간이 오래 걸리고 노
동 강도가 높다는 것은 해결해야 할 문제다.

　　정부가 유기농을 지원하면 농업이 환경에 주는 부담
을 줄일 수 있다. 정부는 연구사업, 경쟁보조금 지급 사
업, 농업진흥사업 등을 통해 유기농을 지원할 수 있다.
유기농 농부들은 더 많은 품종의 작물을 다양하게 재배
하며 그들이 일하는 농업경관의 생물다양성을 높인다.
대체적으로 그들은 퇴비를 주거나, 질소고정 식물과 피
복작물을 재배하거나, 돌려짓기를 하거나, 무경운 농법
을 시행하는 등 더 지속가능한 영농 방식을 도입한다. 이

런 농사 방식은 농부와 주변 생물의 살충제 노출을 줄여줄 뿐 아니라, 생물다양성과 토질을 향상시키고 토양침식이나 수질오염, 대기오염을 감소시킨다. 유기농으로 생산하는 식량이 영양밀도가 더 높은지 그렇지 않은지는 아직 확인되지 않았다.

하지만 유기농 식품은 분명 일반 식품보다 훨씬 더 비싸다.[12] 그래서 모든 사람이 유기농 식품만 먹을 수도 없고, 일부 품목만 유기농 제품을 구매한다고 해도 여전히 부담스러운 것이 현실이다. 그러나 유기농 식품 시장이 커지면 가격도 떨어지기 시작할 것이다. 시장이 커지면 생산량이 증가하고, 정부의 유기농 인증절차가 간소화되고, 소규모 유기농 농장을 지원하는 작물 보험이 확대될 것이기 때문이다. 신선한 유기농 식품은 인간과 지구의 건강과 복지에 여러 가지 혜택을 주지만, 많은 사람이 적당한 가격에 폭넓게 즐길 수 없다면 기후변화나 식단과 관련한 질병 발생을 조금 완화하는 정도밖에는 효과를 발휘하지 못할 것이다.

식량안보와 영양을 위한
공급사슬 재정비

정부가 식품을 안전하게 저장하고 가공하고 보존하는 기술에 대한 지원을 확대하면 시민들이 보다 안전한 식품을 즐길 수 있다. 아직 현대화되지 못한 푸드시스템에서는 상하기 쉬운 식품이 수확되어 소비될 때까지 변질되지 않도록 온도를 유지하는 저온유통 체계 등 저장 및 운송 인프라 개선에 집중해야 한다. 고도로 현대화된 푸드시스템에서는 혁신적이고 지속가능한 저장 및 유통 기술을 도입하고 그 효과를 세밀히 검토해야 한다. 최근 GPS 등 위성기술이 도입되어 선박회사나 운송회사가 화물의 품질을 감시하며 운송시간을 단축하게 되었다. 덕분에 기업이윤이 증가하고 식품 부패 사고가 줄며 식품안전성이 개선되었다.

농업을 관장하는 정부부처는 식품 가공업체들이 식품의 영양분을 보존하는 동시에 소금, 설탕, 건강에 좋지 않은 지방 첨가량을 줄이는 새로운 기술을 시험하도록 권고하고 규제해야 한다. 발효, 건조, 식품개조, 식품강화 등과 관련한 신기술을 시험하도록 권장하고, 가공과정에서 미량영양소를 보존하거나 첨가하고 건강에 좋지 않은 성분을 제거하도록 규제하는 정책을 시행해야 한다. 통조림 제조나 냉동, 무균포장기술 같은 가공법을 지원하면 식품의 유통기한이 연장되어 취약계층도 신선하고 영양이 풍부한 식품을 즐길 수 있다.

식품 공급사슬이 다양해지면 푸드시스템의 복원력도 개선된다. 코로나19 팬데믹이 문제가 된 이유는 공급사슬이 끊어지며 식량 부족과 식량불안 사태가 발생했기 때문이다. 식품 공급사슬이 짧은 판매점들의 인프라를 구축하면 일부 소비자들이 접근하기 어려운 대형판매점을 대신해 편리하고 저렴하게 식품을 공급하는 실용적인 대안을 마련할 수 있다. 식품 생산업체들이 네트워크를 구성해 도심형 물류센터를 구축하면 시장접근성이 향

상되고 식품손실이 줄어든다. 정부와 (월마트 등 대형식료품
점을 운영하는) 대기업도 농산물 직거래장터나 이동식 푸드
트럭, 지역 먹거리 지원센터를 중심으로 도심지 내 인프
라 시설을 재정비해서 로컬푸드를 지원할 수 있다.

　　최근 미국의 일부 주가 지역 농장에서 생산된 식품
을 학교 식당에 공급하고, 농산물 직거래상터에서 푸드
스탬프(food stamp, 저소득층 등 취약계층을 지원하기 위해 제공하는 식
품 구입용 바우처나 쿠폰─옮긴이)를 받도록 권장하고, 중소규모
농부들이 지역에서 농산물을 판매할 수 있는 기회를 확
대하는 등 로컬푸드 지원정책을 시행하고 있다. 미국 농
무부 통계에 따르면, 도심지와 교외 또는 시골에 있는 농
산물 직거래장터 8,600여 곳 중 80퍼센트 이상이 (과거 푸
드스탬프로 불리던) 영양보충보조프로그램(Supplemental Nutrition
Assistance Program, SNAP) 바우처를 받는 것으로 확인되었
다.[13] 공평성을 향해 올바르게 내디딘 발걸음이었다. 브
라질도 학교 급식과 지역 농가를 연결해 로컬푸드를 저
렴하게 학교에 공급하고 있다.

　　정부와 유통업계가 식품포장을 엄격하게 관리하면
음식물 쓰레기와 포장지 쓰레기를 줄이거나 없앨 수 있
다. 미국의 많은 지역을 비롯해 케냐와 말리, 카메룬, 모

로코, 르완다 등 여러 나라가 비닐봉지와 플라스틱 빨대의 사용을 금지하거나 세금을 물리고 있다. 이런 조치를 더욱 확대해서 더 지속가능하고 재사용할 수 있는 포장 대안을 찾도록 촉구해야 한다.

과일이나 채소처럼 쉽게 상하는 식품은 생산자들이 선뜻 재배하겠다고 나서기가 어렵다. 모양과 색이 예쁘지 않거나 흠이 있거나 껍질과 표면이 매끈하지 않다며 도매업자들이 매입하지 않는 경우가 많기 때문이다. 보기 좋은 식품과 맛에서는 차이가 없는 '못난이 식품'을 긍정적으로 받아들여야 한다. 이러한 못난이 식품에 대한 소비자 인식을 개선하고 저렴한 가격에 판매하려고 노력하는 기업들이 있다. 임퍼펙트푸즈(Imperfect Foods)를 비롯한 많은 기업이 모양이 예쁘지 않다는 이유로 폐기될 뻔한 못생긴 과일과 채소를 할인가격으로 소비자에게 판매한다. 프랑스의 대형마켓 체인점 인터마르셰(Intermarché)도 '못난이 과일과 채소' 마케팅을 도입해 못생긴 상품을 30퍼센트 할인 판매했다. 이 마케팅 전략이 성공하며 인터마르셰의 매출도 증가했다.

'팔리지 않을' 식품을 주스 등의 형태로 보기 좋게 가공해 판매하는 기업도 있다. 세계 식량공급을 늘리기 위해서 평소 먹을 수 있지만 폐기되던 식품을 활용하는 기업이 점점 더 늘고 있고, 그 규모는 더 확대될 수 있다. 시민들이 건강한 음식을 조리하고 섭취하기 편리하도록 민간 차원에서 식품 포장법을 개선하는 나라도 있다. 그런가 하면 노르웨이 오슬로는 가정의 음식물쓰레기를 재활용할 수 있는 음식물쓰레기 봉투를 도입했고, 최근에 내가 거주한 로마를 비롯해 많은 도시가 이와 비슷하게 음식물쓰레기를 퇴비로 재활용하는 사업을 추진하고 있다. 저장과 가공 방법을 개선하면 식품손실도 줄일 수 있다. 필리핀은 국제미작연구소가 디자인한 재사용 가능한 밀폐 '슈퍼백(super bag)'을 사용해 바람과 습기, 해충, 쥐 때문에 손실되는 쌀의 양을 15퍼센트나 감축했다. 서아프리카 같은 지역에서는 상하기 쉬운 과일을 태양열로 건조해 유통기한을 늘린다.

식품환경 선택설계

건강하고 지속가능한 식품 선택을 권장하도록 식품환경을 바꾸는 작업은 결국 행동이 필요한 정책 영역으로 수렴한다. 넛지와 (소비자 눈높이에 전시할 상품과 판매대에 진열할 상품을 구분하는 등 소비자 결정에 영향을 미치도록 환경을 설계하는 방법을 의미하는) 선택설계(choice architecture), 영양성분 표시, 학교 등 각 환경에 맞춘 식품 공급, 소매점 보조금이나 세금 등 경제적 유인책과 규제, 광고와 마케팅을 비롯한 식품 홍보 등의 행동이 필요하다. 식품환경에서 건강에 나쁜 식품을 규제하면 시장과 공동체의 통합이 확대되고, 식품 및 식품 생산지와 사람들의 관계가 강화된다.

대형마켓에서 영양이 풍부한 식품을 적정한 가격에
판매하도록 권장하는 정책을 시행하는 것도 정부가 식품
환경을 개선하는 하나의 방법이다. 남아프리카공화국이
이런 접근법을 채택했다. 민간 건강보험회사가 대형마켓
과 협력해 소비자의 구매행동을 개선한 결과, 영양이 풍
부한 식품 판매가 늘고 소금이나 설탕 함량이 높은 식품
이나 기름에 튀긴 식품, 가공육, 패스트푸드의 소비가 줄
어들었다.[14]

마케팅과 판매 단계에서도 (흔히 그래왔듯 소비자가 형편없
는 식단을 선택하도록 유도하거나 강요하는 대신) 더 효과적인 선택
설계를 통해 좋은 식단을 택하도록 소비자를 이끌면 많
은 식품환경이 개선될 수 있다. 선택설계는 건강한 식품
을 찾기 쉽고 주문하기 쉽고 선택하기 쉽도록, 즉 가격과
모양도 매력적이고 쉽게 조리해서 먹을 수 있도록 식품
환경을 설계하는 방법이다. 선택설계가 바뀌면 좋은 쪽
으로든 나쁜 쪽으로든 그에 따른 환경이 인간의 의사결
정에 영향을 미친다. 선택설계의 기본은 노벨상 수상자
인 리처드 탈러(Richard Thaler)와 캐스 선스타인(Cass Sunstein)
이 다음과 같이 규정한 '넛지'다.

어떤 선택을 제한하거나 돈이나 시간 같은 경제적 인
센티브를 크게 변화시키지 않고 예측 가능한 방향으로
사람들의 행동을 변화시키는 선택설계의 모든 측면.[15]

넛지는 규제나 선택제한보다 개인의 의사결정을 중
시한다. 넛지는 생활공간과 쇼핑공간, 작업공간, 학습공
간에서 인간을 미묘하게 설득하는 방법이다.

건강한 식사를 권장하도록 식품환경에 시도해볼
만한 넛지 사례는 아주 많다. 패스트푸드 식당은 서비
스로 제공되는 감자튀김처럼 식사를 주문하면 기본적
으로 따라오는 곁들이음식에 대해 다시 생각해봐야 한
다. 채소샐러드를 기본적인 곁들이음식으로 제공하면
좋지 않을까?

WRI가 병원과 기업, 지방자치단체, 대학, 대형판매
점 등 여러 기관과 협력해 쿨푸드 서약(Cool Food Pledge, 식
품이 기후변화에 미치는 영향을 줄이려는 운동—옮긴이) 캠페인을 펼
치며 모범 사례를 만들고 있다. (블룸버그, 하버드대학교, 이케
아, 모건스탠리, 세계은행 등) 쿨푸드 서약 캠페인에 참여한 기
관들이 직원과 시민, 고객들에게 제공하는 식사를 모두
합치면 연간 8억 끼가 넘는다. 이들은 '맛있는 기후행동

(delicious climate action)' 음식으로 식단을 꾸미고 식재료를 추적할 수 있는 지표와 식생활 지침을 제공한다. 쿨푸드 서약에 서명한 기관들은 2030년까지 온실가스 배출량을 총 25퍼센트 감축할 것이다. 쿨푸드 서약을 자신에게 주어진 지속가능성의 의무 중 하나로 받아들이는 기관들이 많이 있다. 일반식당들도 쟁반과 접시의 크기를 줄이고, 구내식당의 경우는 샐러드바를 눈에 잘 띄게 중앙에 배치해야 한다.

물론 모든 넛지가 효과를 보는 것은 아니다. 식당에서 메뉴판 품목마다 열량과 지방, 설탕, 소금 함량 등의 정보를 제공한 넛지는 별 효과를 거두지 못했다. 샐러드 체인점 저스트샐러드(Just Salad)도 메뉴에 탄소발자국 지표를 추가하며 한 발자국 앞으로 크게 내디뎠지만, 대부분 고객이 메뉴에 표시된 탄소 수치를 제대로 이해하지 못하거나 (이산화탄소를 0.14킬로그램 배출하는 이 치킨샐러드를 먹으면 지구에 해로운 걸까?) 당황했다.

건강한 식사를 권장하는 또 다른 넛지로는 대형마켓에서 건강한 식품을 건강에 나쁜 식품보다 더 눈에 잘 띄고 두드러지게 진열한다거나 간편하게 들고 가도록 포장하는 방법 등을 들 수 있다. 건강에 나쁜 식품의 분량이나 포장 크기는 줄이고 (당연히 지속가능한 포장지로 포장한) 건강한 식품의 분량을 늘리는 방법도 있다.

건강에 나쁜 식품의
광고와 마케팅 제한

식품을 마케팅하고 광고하는 기술은 긍정적인 방향이건 부정적인 방향이건 소비자 행동에 영향을 끼친다. 소셜 미디어나 인쇄물, 텔레비전 광고, 교내 마케팅, 장난감 등의 제품에 인쇄한 브랜드 로고, 포장, 상품진열 등이 모두 마케팅과 광고 기술에 해당하지만, 가장 강력한 효과를 발휘하는 것이 어린이들에게 정크푸드를 홍보하는 텔레비전 광고다. 이런 광고를 본 아이들이 건강에 나쁜 가공식품을 사달라고 부모를 조르는 경우가 많다. 정부는 식품업체들의 교내 스포츠 행사 후원이나 자판기 설치를 금지함으로써 아이들을 보호할 수 있다.

건강에 나쁜 식품의 광고, 특히 어린이를 겨냥한 광고는 근절되어야 한다. WHO가 전 세계에 권고하는 모유수유 대신 아이들에게 분유를 먹이도록 광고하는 분유회사의 공격적인 마케팅으로부터 엄마들을 보호해야 한다. 그러려면 대대적인 교육 캠페인을 시행하는 동시에 분유회사가 영양 교육과 정책결정 과정에 참여하지 못하도록 막고, 만일 분유회사가 국제협약을 위반하면 강력하게 제재해야 한다. 전 세계가 함께 나서서 어린이와 취약계층을 겨냥하거나 공공보건 정책을 훼손하는 정크푸드 광고를 규제해야 한다.

식음료회사들은 마케팅, 광고, 상품진열, 가격정책, 포장 등이 오로지 소비자 요구에 따른 결과라고 주장한다. 이런 시각은 힘의 균형추가 다국적 식음료기업들에 유리한 쪽으로 크게 기울어져 있는 상황에서 식품을 '올바르게' 선택할 책임을 소비자에게만 떠넘기는 것이다. 식음료기업들은 포커스그룹과 행동연구, 대대적인 광고, 포장 등 고객을 조종하거나 현혹할 가장 효과적인 방법을 찾고 있다. 더 나아가 이들 기업들은 소득이 늘며 편의성 확대를 요구하는 도시인구가 점점 증가하는 상황에서 그 수요를 충족시키려면 가공식품이 필요하다는 주장

을 하기도 한다. 더 건강한 식품환경을 조성하기 위해서
는 소비자와 기업 간 힘의 불균형을 조정해 식품 선택에
대한 소비자의 인식과 권한을 키워주어야 한다.

현재 북유럽 일부 국가와 영국, 네덜란드 등이 식
품 광고를 규제하는 법률을 시행하고 있다. 영국은 어린
이를 대상으로 한 정크푸드 광고를 금지했고, 네덜란드
는 13세 미만 아동을 겨냥한 모든 식품 광고를 금지했다.
프랑스는 건강에 나쁜 식품을 광고할 때 경고문을 싣도
록 규제하고 있다. 브라질도 2006년 비만과 질병 발생률
을 억제하는 조치들과 함께 정크푸드 광고 금지법을 시
행하려 했지만, 업계 반발에 부딪혀 포기했다. 미국의 경
우는 식품업계가 어린이 광고를 자율적으로 제한하도록
맡겨놓고 있지만, 이는 대체로 소비자 보호에 효과적이
지 않은 방법이다.

이트-랜싯 보고서의 권고

푸드시스템 문제에 대한 대중의 인식을 끌어올리기 위해 의학 학술지 〈랜싯(The Lancet)〉이 〈이트-랜싯 위원회의 식품과 지구, 건강에 관한 보고서(EAT-Lancet Commission Report on Food, Planet, and Health)〉를 발표했다. 나도 영광스럽게 위원으로 참여했다.

이트-랜싯 위원회는 인류 건강, 농업, 정치학, 환경 지속가능성 등 다양한 분야에서 활동하는 16개국의 위원 열아홉 명과 공동저자 열여덟 명으로 구성되었고, 지구 지속가능성 전문가인 요한 록스트룀과 하버드대학교 영양역학자인 월터 윌렛(Walter Willett)이라는 두 거물급 학자가 위원회를 이끌었다.

이트-랜싯 위원회는 지구의 지속가능성을 해치지 않는 범위에서 인류의 건강을 유지하고 개선할 수 있는 식단을 2년에 걸쳐 연구했다. 그 결과물이 2019년에 발표한 〈인류세 식단: 지속가능한 푸드시스템의 건강식에 관한 이트-랜싯 위원회 보고서(Our Food in the Anthropocene: The EAT–Lancet Commission on Healthy Diets from Sustainable Food Systems)〉다.[16]

이는 여러모로 중요한 보고서로, 지속가능한 푸드시스템에서 건강한 식단을 얻는 방법을 최초로 연구한 과학 보고서이다. 과학적 목표를 설정하고, 합의를 이끌고, 여러 기관에 영감을 주고, 사람들이 영양에 대해 고민할 계기를 마련하고, 과학적·정치적 논의의 불길을 댕긴 이 보고서는,

행동을 지체하면 심각하고 재난적인 결과가 발생할 가능성만 커진다. 대대적인 식단 변화가 시급하다.[17]

라며 다음과 같은 결론을 내렸다.

전 세계적으로 과일과 채소, 견과류, 콩류의 섭취량을 2배로 늘리고, 붉은 육류와 설탕 같은 식품의 섭취량은 현재의 절반 이하로 줄여야 한다.

무엇보다 이 보고서의 가장 중요한 내용은 파리협정에서 규정한 대로 지구의 기온상승을 섭씨 1.5도 이내로 유지하면서 미래 세대에게 필요한 영양분을 공급한다는 목표에 따라 이트-랜싯 위원회가 제안한 보편적인 건강 식단이다.

'지구건강식단(Planetary Health Diet)'이라고도 불리는 이 식단에 따르면 우리는 생선과 채소, 과일, 콩류, 통곡물, 견과류처럼 건강에 좋은 식품 섭취를 늘리고 붉은 육류와 설탕, 정제곡물처럼 건강에 나쁜 식품 섭취를 줄여야 한다. 또 달걀과 가금류, 유제품 같은 식품도 적당히 섭취해야 한다. 아울러 이 식단은 하루 2,500칼로리가 넘지 않도록 열량 섭취량을 적절하게 유지하라고 권고한다. 지구건강식단을 도표로 정리하면 다음과 같다.

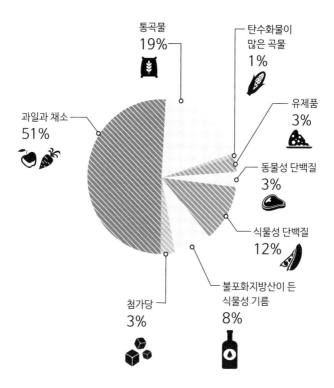

통곡물
19%

탄수화물이
많은 곡물
1%

유제품
3%

과일과 채소
51%

동물성 단백질
3%

식물성 단백질
12%

식물성 단백질
12%

불포화지방산이 든
식물성 기름
8%

첨가당
3%

인류와 지구의 건강을 지키는 식단 이트-랜싯 위원회가 권장하는 지구건강식단은 채소와 과일이 식사의 절반 정도를 차지한다. 나머지 절반은 주로 통곡물, (대두, 렌틸콩, 완두콩을 비롯한) 콩류와 견과류 등 식물성 단백질 공급원, 올리브유처럼 불포화지방산이 든 식물성 기름, 그리고 이에 더해 사람에 따라 적정 분량 이하로 섭취하는 고품질의 동물성 단백질로 구성된다. 옥수수나 감자, 쌀 등 탄수화물이 많은 곡물과 첨가당은 섭취량을 최소로 줄여야 한다. 부족한 부분도 있으나 이트-랜싯 보고서에 제시된 지구건강식단은 대부분 국가에서 식생활 지침으로 권고하는 내용에 근거한 것으로, 큰 영향력을 발휘했다.

출처: 월터 윌렛(Walter Willett) 외 〈Our Food in the Anthropocene: The EAT-Lancet Commission on Healthy Diets from Sustainable Food Systems〉 (2019년 〈랜싯(The Lancet)〉 p.1~47)

이트-랜싯 보고서는 기후변화와 토지이용체계 변화, 담수 사용 증가, 질소 순환, 인 순환, 생물다양성 손실이라는 중요한 여섯 가지 과정이 진행되는 지구에서 푸드시스템이 안전하게 작동할 공간을 마련하자는 과학적 목표도 수립했다.

- 농지를 더 이상 늘리지 않는다.
- 현재의 생물다양성을 보호한다.
- 물 사용량을 줄인다.
- 물을 책임감 있게 관리한다.
- 질소 오염과 인 오염 수준을 대폭 낮춘다.
- 이산화탄소 배출량을 제로로 만든다.
- 메탄가스와 아산화질소 배출량을 더 이상 늘리지 않는다.

이렇게 해야 100억 명 정도의 인구를 먹여 살릴 식량을 지속가능하게 생산할 수 있다고 보고서는 단언한다. 그리고 2050년까지 지속가능한 식량 생산으로 전환하기 위해 다음의 변화가 필요하다고 결론짓는다.

- 식량 수확 가능량과 실제 수확량의 차이를 최소한
  75퍼센트 줄일 것
- 전 세계 질소 비료와 인 비료 사용량을 다시 조정
  할 것
- 인 재활용
- 비료의 효율성과 물 사용을 획기적으로 개선할 깃
- 농업에서 발생하는 온실가스 배출량 감축 조치를
  조속히 시행할 것
- 이산화탄소를 배출하는 농업이 이산화탄소를 흡
  수할 수 있도록 토지를 관리할 것
- 생산 우선순위를 근본적으로 바꿀 것

이트-랜싯 보고서는 전 세계 영양정책과 환경정책
의 빈틈을 메우는 자료였다. 하지만 보고서가 발표되자
큰 비난이 일기도 했다. 보고서 발표와 관련해 전 세계에
서 많은 행사가 개최되었고 나도 로마에서 열린 모임에
참석한 적이 있다. 당시 내 옆자리에 앉은 인물이 국제농
업개발기금(International Fund for Agricultural Development, IFAD)
총재 질베르 웅보(Gilbert Houngbo)였다. 토고 시민인 웅보
총재는 이트-랜싯 보고서가 고소득 국가에나 적용될 만

한 내용이며, 아프리카의 상황과는 전혀 맞지 않는 자료라고 지적했다. 완전히 틀린 말도 아니었다. 지구건강식단은 돈이 많이 들고, 단백질 섭취량도 부족하며, 과학적으로 충분히 검증된 자료가 아니라고 공격하는 사람도 있다. 보고서 발표 후 한 연구는 지구건강식단을 실천할 경제여력이 없는 인구가 대략 16억 명에 이르며, 특히 경제적으로 가난한 인구에서 영양실조가 집중적으로 발생하는 상황을 고려할 때 이 지구건강식단은 우려스러운 점이 있다고 발표했다.[18] 지구건강식단을 실천할 수 없는 현실적인 문제를 지적하며 전 세계 식단의 문화적 차이를 고려하지 않은 식단이라는 비판도 제기됐다. 특정 식품군만 추천한 지구건강식단이 지나치게 규범적인 식단이라고 생각하는 사람도 많았다. 더욱이 이 식단이 추천한 영양수요를 맞추려면 전 세계 과일과 채소, 견과류 생산량이 2050년까지 2배 증가해야 하지만, 기후변화가 농업에 미치는 영향을 고려하면 이는 달성하기 어려운 목표다.

이트-랜싯 보고서가 특히 논란을 불러일으킨 분야가 축산업이었다. 가축 생산체계의 대폭적인 축소를 제안했기 때문이다. 그러나 축산업 축소에 반대한 사람들

도 보고서가 권고한 대로 육류 소비를 대폭 줄이면 중고
소득 국가의 인구에게 도움이 된다는 점은 인정했다. 하
지만 그들은 동물성 식품이 영양부족에 시달리는 인구에
게 귀중한 영양 공급원이라는 사실을 지적했다. 정육업
에 종사하는 사람들도 생계에 직접적인 위협이 될 수 있
으므로 당연히 반대하고 나섰다.

　　보고서가 제시한 목표를 달성하기까지 얼마나 시간
이 걸리는지, 그리고 목표를 달성하는 데 얼마나 큰 비용
이 드는지 명시되지 않았다는 비판도 제기되었다. 또 (푸
드시스템의 양쪽 극단인 농업생산과 소비만 다룰 뿐) 푸드시스템 전
체를 다루지 않았다거나, 푸드시스템 관련자들의 행동을
철저히 조사한 자료가 아니라거나, 보고서가 제안한 푸
드시스템의 변화가 경제적으로 미칠 영향이 검증되지 않
았다고 비판하는 사람들도 있었다.

　　이처럼 부족한 점이 많지만 이트-랜싯 보고서는 많
은 나라가 기후변화의 맥락에서 푸드시스템을 훨씬 더
깊이 들여다보게 만드는 계기가 되었다. 다음 질문에 대
한 답변을 촉구했기 때문이다.

- 당신의 나라에서 지속가능한 식단 정책을 수립한

다면 어떤 성책을 세우겠는가?

- 지속가능한 식단 정책이 농업 분야와 식품생산 분야에 미칠 영향은 무엇인가?

- 식단을 어떻게 변화시키겠는가?

- 혜택을 보는 사람은 누구인가?

하지만 보고서가 각 나라에 답변을 촉구한 가장 중요한 질문은 다음 두 가지다.

- 지속가능한 푸드시스템을 구축하기 위해 당신의 나라에서 변화해야 할 것은 무엇인가?

- 당신의 나라와 지구를 살리는 대가로 기꺼이 감수할 희생은 무엇인가?

건강하고 지속가능한
식단 선택을 위해

식단 선택을 개선하는 한 가지 방법이 식품라벨에 표기하는 정보와 포장 표기 기준을 재검토하고 식품에 기초한 식생활 지침을 전 국민에게 보급하는 것이다. 영양성분표는 소비자에게 더 건강한 식품을 선택하도록 권장하고 식품업계에는 영양가 있는 제품을 생산하도록 촉구하기 때문에 소비자와 생산자 모두에게 효과적이다. 영양성분표는 보통 제품 뒷면에 붙지만, 포장 표기 기준의 규제를 받지 않는 앞면에 자사 제품이 건강에 좋다거나 영양분이 많다는 문구를 실어 소비자를 현혹하는 생산업체가 많다. 생산업체들은 대체로 이런 문구가 소비자에게 잘 보이도록 포장을 디자인한다. 제품 뒷면에 작은 글씨로 표기된 영양성분표를 자세히 살펴보는 소비자도 있지만 그렇지 않은 소비자도 있기 때문이다. 이런 마케팅 전략 때문에 소비자는 식품을 알고 먹는다고 생각하지만 사실 끊임없이 기만당하는 지속 불가능한 식품환경이 조성된다.

국제식품규격위원회(Codex Alimentarius Commission)가 규정한 식료품 영양표시 기준이 있지만, 영양성분표를 해석하려면 영양학과 문화에 관한 지식이 필요하다. 그래서 영양성분표를 제대로 이해하지 못하거나 당황하는 사람들이 많다. 이런 이유로 최근 제품포장 앞면이나 진열대에 (신호등 표시나 별 표시처럼) 보기 쉽고 이해하기 편한 영양표시를 붙이자는 움직임이 일고 있다. 하루 권장섭취량을 그램이나 퍼센트로 표시하는 등 숫자 정보만 강조하는 영양성분표와 달리 색상과 기호, 문구를 모두 통합해 영양과 건강 정보를 나타내는 표시를 제품 앞면에 붙이면 소비자도 이해하기 쉬울 것이다. (정직하게만 사용한다면) 이처럼 쉽게 이해되는 표시가 결국 더 나은 식품 선택으로 소비자를 이끌 것이다.

2012년, 칠레가 최초로 제품 앞면에 이해하기 쉬운 표시를 도입한 국가 중 하나가 되었다. 지방이나 설탕,

소금 함량이 많거나 열량이 높은 식품은 제품 앞면에 흰
색과 검은색으로 인쇄된 'STOP' 표시를 싣도록 한 것이
다. 더불어 칠레는 'STOP' 표시가 붙은 식품을 교내나
학교 근처에서 팔거나 황금시간대에 텔레비전에 광고하
는 행위를 금지하는 규정도 새롭게 마련했다. 그 이후 대
도시 산티아고를 조사한 결과, 시민의 93퍼센트가 제품
앞면에 실린 영양경고표시를 이해하고, 시민의 92퍼센트
는 구매결정을 내릴 때 이 영양경고표시를 참고하는 것
으로 확인되었다.[19] 칠레 전체의 통계를 보면, 영양경고
표시가 붙은 식품의 판매량이 23퍼센트 감소했다.[20] 칠
레의 과감한 조치에 고무된 다른 나라들도 비슷한 표시
제도를 도입했다. 이런 표시제도 도입에 앞장서고 수년
간 시행과정을 지켜본 리카르도 우아위(Ricardo Uauy) 박사
는 이렇게 평가한다.

포장에 영양정보를 표시하는 진보적인 조치를 촉발
한 것은 칠레 아동과 청소년층에서 비만 발생률이 빠
르게 증가한다는 위기감이었습니다. 저희는 상원 보
건위원회와 보건부를 비롯한 관계 기관들과 협력해
식품업계가 제품에 추가하는 포화지방과 첨가당, 나

트륨 함량을 제한하고 (식품제조사와 소매업계, 광고업계 등) 관련 산업분야가 동참하도록 유도했습니다. 의도한 방향으로 변하도록 통제하지는 않았습니다. 일부는 변화에 저항하며 저희가 정한 주요 영양성분 기준과 제한사항을 받아들이지 않았죠. 하지만 결국 경고 표시제도가 도입되었고, 지금도 계속해서 상원 보건위원회는 열량섭취 감축을 권장하는 법률 개정을 추진하고 있습니다.[21]

정부와 업계가 협력하면 대중에게 영양의 중요성과 특정 식품의 혜택을 알리는 작업도 가능하다. 미국에서는 식품표시법이 효과를 발휘해 식품업계가 부끄러운 표시를 받기 전에 더 건강한 식품을 개발하도록 유도하고 있다. 그 대표적인 사례가 트랜스지방 표시법이다. 2006년 트랜스지방 표시법이 시행되며 식품에 들어가는 트랜스지방이 대폭 감소했고, 그 덕분에 심혈관질환 발생률도 줄어들었다.

식품에 기반한 식생활 지침은 소비자의 지식과 의식을 높여 더 건강하고 지속가능한 식품 선택으로 이끌 수 있다.

- 식생활 지침은 건강증진과 질병예방이라는 맥락에서 정부가 통일된 목소리로 국민에게 권장하는 최신 식단 정보이다.
- 식생활 지침은 나라에서 시행하는 식량과 영양 정책의 토대이며 학교 급식 같은 사업에 예산을 배정하는 기준이 된다.
- 식음료회사들이 식생활 지침에 담긴 변화를 반영해 소비자 수요에 맞춘 제품을 새로 생산하는 경우가 많다.

다양한 음식을 섭취하라거나 과일과 채소, 콩류, 동물성 식품을 먹으라거나 소금과 설탕, 지방의 섭취량을 제한하라는 등 식생활 지침에 담긴 조언은 어느 나라에나 해당하는 내용이 많다. 하지만 온실가스 배출과 수질오염 같은 환경문제나 노동조건 같은 사회문화적 문제까지 고민하는 식생활 지침은 거의 없다.

불행한 일이지만, 건강하고 지속가능한 식단과 건강하고 지속가능한 푸드시스템을 동시에 권장하는 식생활지침을 마련한 국가는 겨우 몇 나라에 불과하다.[22] 최근 83개국의 식품 기반 식생활 지침을 조사한 결과, 98퍼센트의 식생활 지침이 비전염성 질병에 관한 세계보건총회 (World Health Assembly, WHA)의 행동의제 목표나 파리협정 또는 아이치 생물다양성 목표(Aichi Biodiversity Target) 중 적어도 한 가지 이상과 어긋나는 것으로 확인되었다.[23] 식생활 지침에 환경 지속가능성을 포함하길 한사코 거부하는 국가들도 있었다. 미국은 2015년 식생활 지침과 관련해 농무부 장관과 보건복지부 장관 이름으로 다음과 같은 의견을 언론에 발표했다.

> 우리는 2015년 미국인을 위한 식생활 지침이 지속가능성에 관한 중요한 정책을 협의하기에 적절한 수단이 아니라고 생각합니다.

식생활 지침의 목적이 시민에게 체중관리와 만성질환 예방에 관해 교육하는 것일 뿐, 지속가능성을 교육하는 것은 아니라는 주장이다. 미국은 2020년 식생활 지침에도 지속가능성에 관한 내용을 담지 않았다. 반면 독일은 식생활 지침에서 소비자들에게 이렇게 권고한다.

> 건강을 증진하는 효과가 있고 식단의 지속가능성을

촉진하는 식물성 식품을 주로 선택하라.[24]

2018년 전 세계 여러 나라의 식생활 지침을 대상으로 인류 건강과 환경 지속가능성이 얼마나 통합되어 있는가를 파악하는 연구조사에 참여한 적이 있다.[25] 조사 결과 호주와 브라질, 캐나다, 카타르, 스웨덴이 지속가능성에서 높은 점수를 받았다. 브라질의 식생활 지침은 식사에 중점을 두며, 시민들에게 건강에 좋은 자연식품을 가정에서 조리하고 거대 식품기업의 교묘한 마케팅에 대해 비판적인 자세를 유지하라고 권고한다. 미국의 식생활 지침은 식품을 '좋은' 식품과 '나쁜' 식품으로 구분하며 먹는 행위보다 영양과 식품군이라는 비인간적 측면을 강조하지만, 브라질의 식생활 지침은 식품 소비의 인간적 측면, 즉 먹는 행위를 사회적 경험으로 강조한다. 이러한 지침이 바탕이 되어 탄생한 브라질의 '황금률'을 보자.

언제나 초가공식품보다는 자연식품이나 최소 가공식품, 갓 조리한 요리와 식사를 우선하라.[26]

브라질의 황금률이 획기적인 이유는 건강에 나쁜 식

품을 구분할 때 영양분보다 가공 정도에 더 초점을 맞추었기 때문이다. 이런 브라질의 결정은 전 세계적으로 초가공식품 소비가 증가하고 그에 따라 건강문제도 증가하는 상황에서 더 건강한 식단을 향해 내딛는 중요한 발걸음이라 할 수 있다.

브라질의 새로운 식생활 지침이 성공을 거두자 캐나다도 2019년 식단 지침을 브라질과 비슷하게 변경했다. 캐나다의 새로운 식단 지침을 그림으로 표현하면 (이트-랜싯의 지구건강식단과 비슷하게) 접시의 2분의 1은 과일과 채소, 4분의 1은 단백질 식품, 나머지 4분의 1은 통곡물 식품이 차지한다. 음료수도 물을 마실 것을 권장한다. 브라질과 마찬가지로 캐나다의 식단 지침도 식사의 사회적 측면에 집중하며, 시민들에게 직접 조리해 다른 사람들과 함께 식사하고 식습관에 유념해 음식을 즐기라고 일깨운다. 또한 소비자들에게 식품의 영양성분표를 확인하고 식품 마케팅에 현혹되지 말 것과 나트륨, 설탕, 지방 함량이 높은 식품을 되도록 피할 것을 권고한다. 이와 같은 새로운 지침은 캐나다가 동물성 식품과 정제곡물 제품 비중이 높고 식품업계의 영향을 많이 받던 이전의 식생활 지침과 결별한다는 것을 의미했다.

재정정책 강화

정책입안자는 푸드시스템 책임자들의 행동을 변화시킬
강력한 재정체계를 구축해야 한다. 세금이나 보조금, 무
역정책이 모두 건강하고 지속가능한 식단을 권장하는 정
책과 잘 들어맞도록 조정해야 한다. 식품업계의 선의나
자발적인 규제만으로는 부족하다. 식음료업계에도 공중
보건 증진에 도움이 되려고 애쓰는 업체들이 있지만, 공
중보건 목표에서 벗어나는 업체가 여전히 많다. 더군다
나 식단을 더 건강하고 지속가능한 길로 이끌 재정체계
를 구축하는 데 필요한 적법성을 갖춘 주체는 오직 정부
뿐이다.

농업보조금 정책은 건강한 식단을 권장하는 정책과 맞지 않는다. 보조금 정책은 (말라위와 탄자니아 등 아프리카 여러 나라가 채택한) 비료보조금처럼 옥수수나 대두, 쌀 등 주요 작물에 집중하는 경우가 대부분이다. 만약 농업보조금 정책의 방향을 과일과 채소, 견과류, 콩류 등 건강한 식단에 이바지하는 작물 쪽으로 수정한다면 매년 보조금에 의존하는 농부와 소비자들이 자신들의 삶을 유지하는 농업체계에서 가장 중요하게 여기는 목표를 획기적으로 바꾸는 계기를 마련할 수도 있을 것이다.

지방정부나 중앙정부는 세금우대 정책으로 생산자와 판매자가 더 건강하고 지속가능한 영농에 참여하도록 동기를 부여하고, 비료에 세금을 부과해 농부들이 유기농으로 전환하도록 유도할 수 있다. 또한 세금으로 기금을 조성해 식품안전기준을 통과한 전통시장 상인들에게 특별지원금을 지급할 수도 있다. 싱가포르가 노점상 호커센터를 관리하는 방식처럼 싸구려 재료 대신 몸에 좋은 재료를 사용하는 노점상에게 인증서를 발급하고 혜택을 주는 방법도 가능하다. 건강한 식품을 판매하는 소매상에게 세금우대 혜택이나 재정적 혜택을 주고, 영양가가 많은 식품일수록 세율을 낮추는 것이다. 동네 상점들이 건강하고 신선한 식품을 판매하도록 권장하는 정책을 시행하면 이런 식품의 매출도 늘고 수익도 증가한다. 뉴욕시는 '건강한 식료품점(Healthy Bodega)' 사업을 통해 소비자에게 건강한 식품을 판매하는 동네 식료품점과 사회 안전망 사업인 SNAP를 연계시켰다. 건강한 식품의 지역 생산·판매, 농산물 직거래장터를 통한 직접판매, 지역 사회농업지원(Community Supported Agriculture, CSA) 등은 농부와 소비자, 지역사회에 모두 중요한 경제적·사회적 혜택을 제공한다. 특히 소외되고 빈곤한 지역일수록 더 큰 혜택을 얻게 된다.

소비자들의 식단에 영향력을 발휘하는 한 가지 유용한 방법이 건강에 나쁜 식품은 더 비싸게 팔고 영양이 풍부한 식품은 더 싸게 판매하는 방법이다. 연구 결과, 설탕이 들어간 음료에 세금을 부과하면 10퍼센트 정도 매출이 감소하고, 채소와 과일에 보조금을 지급하면 10~30퍼센트 매출이 증가하는 것으로 확인되었다.[27] 실제로 시행하기가 어렵다는 문제는 있지만, 살찌는 식품에 높은 세금을 부과하면 시민들의 건강을 향상시킬 수 있다.

하지만 세금 부과와 보조금 지급 정책은 부자보다

가난한 사람들에게 더 큰 부담을 주어 불평등을 심화시킬 위험이 있다. 이미 가난한 사람들은 부유한 사람들과 비교할 때 소득 대비 식료품비 지출 비중이 아주 높다. 현재 60여 개 국가가 설탕이 들어간 음료에 세금을 부과한다. 그런데 이 청량음료세는 경제적인 측면에서 '역진세'로 볼 수 있다. 가난한 사람들이 흔히 청량음료를 더 많이 소비하기 때문이다. 청량음료세는 청량음료 소비를 감축하는 데 효과적이지만, 정책입안자들은 부유할수록 세금을 더 많이 내는 방법도 개발할 필요가 있다. 한 도시나 국가가 붉은 육류에 붙는 탄소세처럼 기후변화에 대응하고 기후변화의 영향을 감소시키는 전략을 구사하는 데 도움이 되는 식품세를 부과하려 한다면, 부유한 사람이 더 많은 세금을 내도록 해야 할 것이다. 그 해결책으로 생각해볼 수 있는 방법은 가장 부유한 사람들만 구매하는 값비싼 식품의 세금을 높이거나 세금에 식품보조금 항목을 추가하는 방식으로 소비자들이 추가비용을 부담하지 않고 건강한 식품을 선택할 수 있도록 돕는 방법이다.

2013년 멕시코가 과자와 사탕, 견과류 잼, 곡물로 만든 가공식품 등 필수식품이 아닌 모든 제품에 8퍼센트의 세금을 부과하는 정책을 도입했다. 100그램당 열량이 275칼로리를 초과하는 제품은 모두 과세대상이었다. 이 정책을 시행하며 멕시코 국민의 식습관이 개선되기 시작했다. 연구결과에 따르면, 멕시코가 정크푸드에 세금을 부과하자 설탕이 들어간 음료의 매출이 세금을 부과하기 전보다 7퍼센트 감소한 것으로 밝혀졌다.[28]

　　과세 정책은 더 지속가능하고 영양이 풍부한 식단을 만드는 데 도움이 되지만 동시에 환경의 건강에도 크게 이바지한다. 식품이 배출하는 탄소량에 따라 부과하는 온실가스배출세는 건강을 증진하는 강력한 기후정책이며, 이렇게 걷힌 세금은 건강한 식품에 지급하는 보조금이나 의료체계에 투입될 자금으로 쓰일 수 있다. 물이용세나 육류세, 탄소세, 공해세, 설탕세 등이 모두 건강이나 지속가능성과 관련한 세금이다. 탄소배당과 관련해 탄소가 땅에서 나올 때 세금을 부과한 뒤 그 세금을 모든 사람에게 균등하게 배분하자는 제안도 있다.

　　끝으로, 정부는 국제무역에 관한 정책과 규제로 건강과 지속가능성을 개선할 수 있다. 몇 년 전 예일대학교의 스티븐 우드(Stephen Wood) 교수, 컬럼비아대학교의 루스 디프리스(Ruth DeFries) 교수와 함께 연구보고서를 발표한 적이 있다. 국제무역 덕분에 전 세계에 영양분을 분배하는 세계 식량공급이 개선된다는 내용이었다.[29] 만일 국제무역이 없다면 전 세계 9억 3,400만 명이 단백질 부족에 시달리고, 최소한 1억 4,600만 명이 비타민A를 필요한 양만큼 섭취하지 못할 것이다. 국제무역 덕분에 전세계 식품의 분배와 다양성이 확장되고, 식품 가격이 낮아지고, 연중 식품 구입 가능 일수가 늘어난다.

하지만 국제무역 덕분에 건강에 나쁜 식품도 대규모로 유통된다. 정부가 상황에 맞게 최선의 정책을 수립하려면 반드시 무역과 영양의 관계를 고민해야 한다. 만일 국내시장을 국제무역에 통합시켜 개방하기로 마음먹었다면 특히 가난한 소비자와 자원이 부족한 생산자를 세밀히 살펴야 한다. 그냥 내버려 두면 시장은 건강한 식단을 누릴 경제적 여력이 없는 취약층을 돌보지 않기 마련이다. 규제와 혜택을 적절히 이용하면 펩시콜라 같은 다국적기업의 광범위한 공급망을 청량음료뿐 아니라 건강한 식품과 (백신 같은) 보건서비스 물품을 운송하는 데 이용할 수도 있다.

의사결정자에게 전달할
증거와 데이터 보강

좋은 영양과 지속가능성 관련 정책을 세우지 않는 나라들이 흔히 대는 핑계가 바로 법률 제정을 뒷받침할 증거가 부족하다는 것이다. 하지만 행동에서 증거가 나온다. 증거 부족은 행동할 수 없다는 핑계가 되지 못한다. 허비할 시간이 없다. 이제 정부가 행동에 나서야 한다.

더불어 정부는 푸드시스템에 관한 연구개발에 투자해, 건강하고 지속가능한 식단을 뒷받침하도록 확대될 수 있는 유망하고 확실한 정책과 사업을 찾아내야 한다. 이때 특히 필요한 것이 지속가능성과 건강에 관한 지표와 데이터다. 장기적인 생태계 건강, 전체적인 자원의 흐

름, 농업과 경제 전반이 주고받는 상호작용, 생산 지속가능성, 영양결과와 건강결과, 생계 복원력, 농장의 경제적 생존력 등 아주 다양한 범위에 걸친 지표가 필요하다.

식단 데이터도 전 세계에 걸쳐 자료를 수집해야 하고, 공평성 문제와 관련해 사회경제적 지위까지 자세히 살핀 자료를 모아야 한다. 현재 우리가 구할 수 있는 식단 데이터는 대부분 고소득 국가의 자료다. 하지만 중요한 것은 중저소득 국가의 데이터다. 이런 나라에 사는 사람들이 영양실조와 기아, 기후변화의 영향에 가장 취약하기 때문이다. 다행히 현재 전 세계 식단 데이터를 모으려는 움직임이 다시 일고 있다. 빌앤드멀린다게이츠재단의 후원으로 터프츠대학교가 수행하는 지구 식이 데이터베이스(Global Dietary Database, GDD)와 FAO의 GIFT(Global Individual Food Consumption Data Tool, 세계 개인별 식품소비 데이터 툴-옮긴이) 등 저소득, 중소득, 고소득 국가 모두를 포함한 식단 데이터를 효과적으로 보강할 중요한 식단 프로젝트들이 진행될 계획이다.

데이터 부족 문제에 대응하기 위해 최근 도입한 한 가지 해결책이 존스홉킨스대학교 우리 연구팀과 FAO, GAIN이 온라인으로 쉽게 검색할 수 있도록 공동개발한

식량체계계기판(Food Systems Dashboard)이다. 의사결정자들
이 푸드시스템을 이해하고 여러 가지 변화의 지렛대들을
검토해 어떤 지렛대를 당길지 결정하는 데 도움이 되도
록 개발했다. 이 독특하고 종합적인 자료를 활용하면 정
책입안자나 비정부기구, 기업가, 시민사회 지도자 등이
자국의 푸드시스템 데이터를 제때 구체적으로 파악하고,
다양한 분야의 상호연관성을 이해하고, 다른 나라 데이
터와 비교하고, 핵심 문제를 확인해 행동의 우선순위를
결정할 수 있다.

2017년 유엔 고위급전문가단에서 푸드시스템과 영
양에 관한 보고서 작업을 할 때 우리 연구팀이 확인한 놀
라운 사실은 푸드시스템에 관해 이해하기 쉽고 체계적이
며 검증된 정보가 없다는 점이었다. 이런 자료가 없으면
증거에 기초해 푸드시스템을 개선할 최선의 행동을 찾아
내기가 쉽지 않다. 푸드시스템에 내재된 복잡성과 상호
연관성을 생각할 때 쉽게 이해할 수 있도록 데이터를 제
시하는 것은 정말 중요하다. 그 해결책이 바로 식량체계
계기판이다. 이로써 의사결정자가 상황에 꼭 맞는 데이
터와 정책조언을 보다 쉽게 얻을 수 있는 방법이 마련된
것이다.

2020년 6월에 공개된 식량체계계기판은 35개 출처에서 확인된 170개 이상의 지표를 결합해 230개가 넘는 국가와 지역의 푸드시스템 데이터를 제공한다. 이를 통해 관계자들은 자국의 푸드시스템과 다른 나라의 데이터를 비교하고, 푸드시스템이 식단과 영양에 미치는 영향을 개선하기 위해 취해야 할 행동의 우선순위를 결정할 수 있다.

GAIN 상임이사로 2018년 세계식량상을 수상한 로런스 하다드(Lawrence Haddad) 박사는 이렇게 설명한다.

식량체계계기판을 활용하면 관련 자료를 모으는 데 걸리는 시간이 반으로 줄어듭니다. 그래서 공공기관과 민간기업이 자국의 푸드시스템을 파악하고, 우선적인 행동이 필요한 분야를 진단하고, 다른 나라에서 시도되어 타당해 보이는 조정행동을 결정하는, 이 세 가지 작업을 빠르게 처리할 수 있습니다.[30]

공중보건 정책을 수정할 때도 데이터를 전달하고 사용하는 방법이 중요하다. 트랜스지방이 건강에 나쁘고 수많은 부정적인 건강결과를 초래한다는 것은 오래전부터 과학적으로 증명된 사실이다. 2006년에 뉴욕시 시장 마이클 블룸버그(Michael Bloomberg)는 트랜스지방이 심혈관질환 발생률과 각종 질병 발생률, 사망률을 높이는 것으로 확인됐다는 소식을 듣자 뉴욕시 식당에서 트랜스지방을 사용하지 못하도록 막는 금지법을 시행했다. 블룸버그 시장의 행동이 미국 전역에서 관심을 끌며 다른 주들도 뒤를 이어 트랜스지방 금지법을 도입했다. 그리고 2018년 FDA가 식품회사는 1년 내로 식료품에 첨가된 트랜스지방을 다른 원료로 대체하라고 발표했다. 미국의 전체 푸드시스템에서 트랜스지방을 금지하는 효과적인 조치였다.

미국의 트랜스지방 퇴출 조치는 과학이 지역정책에 정보를 전달하고 지역정책이 다시 국가정책에 정보를 전달하는 과정을 아주 잘 보여주는 사례다. 민간부문이 식품 생산방식을 기꺼이 바꾸려는 마음도 있었지만, 트랜스지방을 비교적 어렵지 않게 다른 원료로 대체할 수 있다는 사실도 큰 몫을 했다. (하지만 불행히도 팜유가 트랜스지방 대체원료로 사용되며 동남아시아가 심각한 삼림파괴와 대기오염에 시달리게 되었고, 팜유가 가장 건강한 기름이라고 할 수도 없다.) 트랜스지방을 성공적으로 퇴출한 이 사례는 분명한 증거가 결국 정부 최고위층의 식량정책 변화와 규제 변화 의지로 이어질 수 있음을 똑똑히 보여준다.

분명한 증거가 주목할 만한 정부 조치로 이어진 또 다른 사례가 흡연이다. 수십 년에 걸쳐 흡연의 유해성을 입증하는 증거가 쌓이자 미국 정부는 담뱃갑 전면에 큼지막한 경고문을 삽입하도록 규제하는 법률을 제정했다. '흡연은 사망에 이르는 위험이 될 수 있다'가 아니라 '흡연이 사망에 이르게 한다'라는 간단한 경고문을 삽입하도록 규제했다. 증거가 확실했기 때문이다. 현재는 담뱃갑에 흡연으로 망가진 치아나 폐, 후두부를 근접촬영한 사진도 실린다. 정부는 담배에 세금을 부과하고, 담배 광고를 제한하며, 공중보건을 지키기 위해 흡연 장소도 규제한다. 담배와 마찬가지로 영양 부문도 정책입안자들이 사안의 심각성을 확신하고 행동에 나서도록 설득할 구체적인 증거가 필요하다. 훌륭한 데이터가 쌓이면 영양을 효과적으로 개선할 방법이 무엇인지 파악하고 실행 가능한 정책을 수립하는 데 도움이 된다.

끝으로 정부는 데이터 및 지식의 공유를 지원해야 한다. 정책입안자는 연구자들과 협력해 식품사슬 전반에 걸쳐 건강과 지속가능성을 위해 일하는 많은 단체와 공공기관들 간에 데이터를 모으고 공유할 수 있는 적절한 기준을 수립할 필요가 있다. 이때 정책입안자와 연구자들은 기존의 시스템을 거부하기보다 이미 존재하는 시스템을 이용하는 것이 좋다. 이러한 목표를 달성하기 위해서는 더 정확한 진단과 더 정밀한 감시, 확장된 전달 플랫폼, 더 강력하고 공개된 자료 체계가 필요힐 것이다.

증거에 입각한 정책을 수립할 수 있도록 해주는 지표와 데이터에 투자하면 국민의 미래 건강과 영양은 개선될 것이다. 하지만 정부가 지금 즉시 공평하고 지속가능하며 건강한 푸드시스템 구축을 위한 전략을 수립하려면 이미 존재하는 데이터도 잘 활용해야 한다. 미래에 쌓일 데이터는 앞으로 영양정책을 조정하고 개선하는 데 이용되겠지만, 행동해야 하는 시간은 바로 지금이기 때문이다.

식량체계계기판: 새로운 정보도구

2020년 6월 공개된 식량체계계기판은 230여 나라가 무수히 많은 관점에서 자국의 푸드시스템을 평가하고, 정확한 예측을 하기 위해 구체적인 정책조언을 검토하고, 행동의 우선순위를 결정할 수 있도록 포괄적인 데이터를 대화형으로 간편하게 제공한다. 증거에 기반한 푸드시스템 평가와 의사결정을 '한 자리에서 제공'한 덕분에 공개 직후 몇 달 사이 사이트에 접속한 사람만 5만 명을 넘었다. 식량체계계기판의 핵심 몇 가지만 살펴보자.

- 각종 유엔 기구와 세계은행, FAO, 유로모니터(Euromonitor) 등 공공기관과 민간단체 35개 출처에서 확인한, 모든 국가와 지역의 (사람들이 먹는 식량, 농업 온실가스 배출량, 영양부족과 질병 문제 등) 170개가 넘는 지표를 바탕으로 다양한 데이터를 통합 정리했다.
- 정책입안자와 비정부기구, 민간기업 등이 데이터 수집에 걸리는

시간을 절반으로 줄여주고, 미처 보지 못한 푸드시스템 전 분야의

상호연관성을 발견할 수 있도록 돕는다. 다른 나라가 시도한 해결

책을 검토할 수 있으며, 전 세계 협력이 증진된다.

- 시각적인 아이콘과 이해하기 쉬운 도표로 정리해 정보를 빠르게

  파악할 수 있게 했다.

- 농부와 식품 생산자, 운송회사, 정책입안자 등 누구나 무료로 홈페

  이지에 접속할 수 있다.

- 현재 영어로 정리되어 있지만 2021년에는 프랑스어와 스페인어

  로 (그리고 예산이 마련되는 대로 또 다른 언어로) 데이터를 제공

  할 예정이다.

영양과 푸드시스템을
개선할 자금조달

구체적인 정책도 부족하지만 영양개선에 투입되는 자금은 훨씬 더 부족하다. 현재 전 세계적으로 영양부족을 해결하기 위해 투입되는 돈은 정부 일반지출의 평균 2퍼센트에 불과하다.[31] 비만과 식단 관련 비전염성 질병을 줄이기 위해 투입되는 자금도 충분치 않아 건강증진 지원의 2퍼센트를 밑돈다.[32]

정부가 식단과 관련한 건강증진 사업에 더 많은 자금을 투입한다면 영양실조 발생률이 감소해 큰 이득을 얻고 의료비 지출도 줄어들 것이다. 매년 영양에 70억 달러를 투입하면 전 세계 성장저하 아동의 수가 40퍼센트 감소하고, 가임연령 여성의 빈혈 환자 수가 50퍼센트 감소하며, 완전 모유수유율은 50퍼센트 증가, 아동 급성 영양실조 발생률은 5퍼센트 미만 수준으로 떨어질 수 있다.[33] 연구 결과, 영양에 1달러를 투자하면 전 세계적으로 예상되는 이익이 4∼35달러인 것으로 확인되었다.[34]

야심 차게 추진해볼 만한 정책의제다. 지속가능성과 건강 사안을 식량 정책에 완전히 통합할 방안이 무엇인지 진지하게 고민해보아야 한다. 정책입안자는 영양과 지속가능성과 관련한 사안을 이해하는 폭을 넓히고, 영양 전문가는 기존 정책과정과 정책이 작동하는 방식에 대한 이해를 키운 뒤 정책과정에 참여해 전문지식을 제공하고 영향력을 발휘할 필요가 있다.

한 가지 방법만으로는 필요한 변화를 이끌어낼 수 없다. 각계각층의 사람과 조직을 겨냥한 다양한 접근법과 전략을 통합해 식품 공급사슬 전반으로 확장 운영해야 한다. 정부와 산업계, 시민이 모두 함께 식단과 영양, 기후변화, 푸드시스템에 대해 고민하고, 그런 다음 목표를 실현하기 위한 행동에 나서야 한다.

희생에 대한 고려

정부는 재빨리 행동해야 한다. 협력하고, 꾸준히 정보를 모으고, 효율적인 전략과 정책을 세워야 한다. 식량 정책을 수립할 때는 그 대가로 어떤 희생을 치를 위험이 있는지도 고려해야 한다. 이를 잘 보여주는 식품이 바로 팜유다. 팜유는 우리 건강에 해로운 것으로 밝혀진 트랜스지방을 대체할 수 있는 식품이지만 앞서 설명했듯 팜유 생산은 삼림벌채 증가와 생물다양성 손실로 이어지고, 특히 오랑우탄의 서식지를 심하게 파괴한다.[35]

나에게 박사 후 연구과정을 지도받고 현재 러트거스 대학교에 근무하는 쇼나 다운스 교수가 미얀마에서 팜유산업의 영향을 조사해 다음과 같은 사실을 확인했다.

2000년대 초 미얀마 정부가 국내 팜유 생산업체에 혜택을 주기 시작했습니다. 미얀마에서 팜유를 생산하고 소비한 대가로 무엇을 희생하고 있는지 조사해보니, 팜유 생산의 경제적 생존 능력은 제한적이고, 환경은 파괴되고, 사회적 취약계층의 토지보유권도 위협받고 있는 것으로 확인됐습니다. 건강이라는 관점에서 보면, 팜유는 포화지방 함량이 높습니다. 초가공식품에는 모두 팜유가 들어갑니다. 소비자들은 팜유의 이런 특성을 염려해서 섭취하길 꺼리지만 가격이 싸고 여기저기 널리 쓰일 수 있어서 특히 저소득층이 팜유를 소비하고 있습니다. 이 연구작업에서 분명히 드러난 결과는 먹는 것을 다루는 정책을 평가할 때 더 총체적인 접근법을 적용하는 것이 중요하다는 사실입니다. 먹거리 정책을 단순히 경제적 관점에서만 볼 게 아니라 실질적인 건강과 지속가능성, 그 정책을 채택하며 사회적으로 치러야 할 희생도 고민해야 한다는 것입니다.[36]

지중해 식단은 심장 건강에도 좋고 지속가능하다고 인정받는 식단이다. 하지만 이 식단에도 환경의 희생이 따른다. 지중해 식단은 올리브유와 견과류를 건강한 지방으로 권장하지만, 올리브 나무와 견과류 나무를 키우려면 아주 많은 물이 필요하다.[37] 유당을 소화하지 못하는 사람들이 우유 대신 마시는 아몬드 우유도 생산하려면 엄청난 양의 물이 들어간다. 환경과 건강, 경제를 모두 고려해야만 지구의 이익과 인간의 행복 사이에서 균형을 맞춘 최선의 정책을 결정할 수 있다.

정부는 푸드시스템과 환경을 부드럽게 넛지해 영양과 환경 지속가능성이 개선되도록 구조적으로 개입하는 경우가 많다. 영국은 학교 급식에 과일, 채소, 고품질의 육류와 곡물을 제공하도록 규제한다. 감자칩이나 초콜릿, 사탕, 설탕이 들어간 음료는 학교 급식으로 제공할 수 없고, 교내에 자판기도 설치할 수 없으며, 튀긴 음식은 일주일에 최대 두 끼만 허용한다. 앞서 설명했듯, 칠레는 건강에 나쁜 식품의 포장 앞면에 경고표시를 신도록 했고, 노르웨이는 어린이를 대상으로 한 정크푸드의 마케팅과 광고를 규제한다. 한국은 학교 주변을 식품안전보호구역으로 지정해 불량식품 판매를 금지한다. 인도 정부는 농장이 더 지속가능한 유기농을 실천하도록 지원하고 있다. 이처럼 영양과 환경 지속가능성을 개선하기 위해 노력하는 정부가 많이 있지만, 아직 부족하다. 더 강력한 정치적 의지와 더 많은 투자가 요구된다. 적용범위를 확장하고, 푸드시스템 관계자들의 책임감을 끌어올리고, 관리방식을 개선해야 한다.

지난 수십 년간 민간기업의 경제력이 커지면서 건강하고 지속가능한 식단을 지원하려는 중앙 및 지방 정부의 정치력은 위축되었다. 더군다나 다국적기업의 영향력이 증가하며 더 건강한 식품환경을 조성하려는 공중보건 관계자들의 노력도 벽에 부딪혔다. 영양과 환경이 정말로 개선되려면 식음료회사와 정부가 모두 헌신적으로 노력해야 한다. 식음료회사의 변화를 이끌어내는 일은 대단히 어렵겠지만, 푸드시스템을 개선하고 더 나아가 지구를 보호하려면 그들의 헌신적인 참여가 절실히 필요하다.

5

꿀벌 한 마리가
벌집을
살릴 수 있을까?

우리는 매일같이 식품을 선택하지만, 그 선택은 자신이 오롯이 내린 결정이 아니다. 이미지와 기억, 감정이 결정 과정에 끼어들어 복잡하게 상호작용하며 잠재적이고 무의식적인 정보를 우리에게 전달한다. 매일 중압감과 스트레스에 시달리다 보면 운동을 하거나 재료를 준비해 따뜻한 음식을 조리할 마음의 여유나 시간이 별로 없다. 우리를 둘러싼 환경은 선택에 영향을 미친다. 우리는 짭짤하고 달콤한 간식에 둘러싸여 있으며, 우리가 구매하는 어떤 식품이 건강에 좋은 것처럼 보이더라도 실제로는 건강과 환경에 바람직하지 않을 수도 있다는 것을 미처 의식하지 못할 때가 많다. 우리는 대부분 올바른 선택을 하기 어려운 환경 속에서 살고 있으며, 우리 중에는 이용할 수 있는 자원과 선택권이 상대적으로 더 부족한 사람도 많이 있다.

　이런 점을 모두 고려하면 각자 상황에 따라 식품을 선택하는 과정이 엄청나게 어렵거나 따분한 일이 될 수도 있고, 혹은 식품 선택권이 전혀 없는 경우도 있을 것이다. 건강과 지속가능성은 각자 개인적으로 짊어진 부담이 아니며, 개인에게 떠넘겨서도 안 되는 짐이다. 우리가 먹는 것과 우리가 지지하는 정책이 모여서 푸드시스템과 식량 공급사슬을 형성한다. 우리 각자의 행동이 훨씬 더 큰 사회운동을 지지하며 이바지할 수 있고, 이런 사회운동이 언론에 노출되며 식량 의제를 바꾸는 집단적인 힘이 될 수도 있다.

　건강하고 지속가능한 식단으로 가는 길은 결코 쉽지 않다. 지식과 의지와 인내력이 모두 필요하다. 어떤 한 사람에게 좋은 효과가 나타난 것도 다른 사람이 보기에는 매력이 없거나 효과가 없을 수도 있다. 하지만 누구든지, 우리 모두에게는 자신과 가족과 공동체 그리고 이 지구를 위해 건강과 지속가능성을 개선할 기회가 있다.

건강하고 지속가능한
식단을 향해

질 좋은 식단이란 어느 한 가지 종류만 있는 것이 아니다. 식단은 개인적인 필요나 생리기능, 문화와 사회규범, 로컬푸드의 가용성과 접근성, 식생활 관습에 따라 달라질 수 있기 때문이다. 하지만 다음과 같은 내용이 건강한 식단에 필요하다는 것은 일반적으로 일치된 의견이다.

- 생명을 지탱하고 신체활동을 지속하고 건강한 체중을 유지하도록 대량영양소와 미량영양소를 균형 맞춰 충분히 섭취하기
- 지리적 위치나 문화적 맥락에 따라 채소나 과일,

곡물과 통곡물, 유제품, 동물성 단백질, 식물성 단
백질 등 영양이 풍부한 다양한 식품을 적절히 섭
취하기

- 비만과 그에 따른 비전염성 질환 등 건강에 부정
적인 영향을 미치는 동물성 가공식품과 영양분이
부실한 식품의 소비를 적당히 제한하며 여러 가지
음식을 균형 맞춰 섭취하기

- 생산과 저장, 운송, 조리 과정에서 몸에 해로운 세
균이나 바이러스, 기생충, 화학물질 등에 오염되
지 않은 안전한 식품을 섭취하기

질 좋은 식단을 유지하면 우리 건강을 개선하는 동
시에 환경까지 지킬 수 있다. 특히 다음 세 가지만 유념
하면 인간과 환경의 건강을 모두 개선하는 데 큰 도움이
된다.[1]

첫째, 열량 과다섭취를 줄여야 한다.

성인 여성은 1,600~2,400칼로리, 성인 남성은
2,000~3,000칼로리가 하루 섭취 열량 권장량이다. 적

당한 섭취란 에너지와 영양분을 성장과 신체활동, 조직 재생에 필요한 양만큼만 과도하지 않게 섭취하는 것을 말한다. 적당량을 섭취하면 대체로 건강한 체중을 유지하고, 그에 따라 비만과 관련한 건강의 위험을 피할 수 있다. 더 나아가 영양분을 필요한 양만큼만 섭취하면 한정된 자원을 낭비하지 않을 수 있다.

둘째, 건강에 나쁜 초가공식품을 피해야 한다.

산업화된 고소득 국가에서는 거의 모든 식품이 어느 정도까지는 가공과정을 거치기 때문에 초가공식품을 피하는 것이 말처럼 쉽지 않을 수도 있다. 하지만 우리가 부엌에서 전혀 사용하지 않거나 거의 사용하지 않는 재료가 들어간 식품은 피해야 한다. 식품라벨을 확인하는 것은 물론 오픈푸드팩츠(Open Food Facts) 사이트에 공개된 정보도 확인해야 한다. 노바(NOVA) 식품 분류체계를 적용한 오픈푸드팩츠는 식품을 가공 정도에 따라 네 그룹으로 구분한 정보를 제공한다.

우리는 흔히 초가공식품을 탐닉하는 책임을 본인 탓으로 돌리지만, 사실 더 큰 요인들이 작용하고 있다. 마케팅이나 광고가 초가공식품을 구매하도록 우리를 유혹하고, 나트륨과 설탕, 건강에 나쁜 지방을 많이 함유한 초가공식품이 맛과 만족감, 갈망을 키우고 통제력을 잃게 만든다. 게다가 현대적인 노동환경에서는 고품질의 식단을 조리하고 즐길 시간을 내기가 어렵다. 조리가 간편하고 가격이 서렴해서 초가공식품을 완전히 끊지 못하는 사람들이 많을 것이다. 하지만 건강에 거의 아무런 도움도 되지 않는 초가공식품의 섭취를 줄이면 건강이 크게 개선되는 동시에 환경의 건강을 유지하는 데도 도움이 된다.

셋째, 중고소득 국가에 사는 사람들은 동물성 식품, 특히 소고기 섭취량을 줄여야 한다.

고소득 국가에서는 육류를 필요 이상으로 너무 많이 소비하는 사람이 대다수이지만, 저소득 국가에서는 동물성 식품을 충분히 섭취하지 못하는 사람이 대부분이다. 저소득 국가의 시민들이 동물성 식품을 더 저렴한 가격에 더 자주 섭취할 수 있어야 한다. 그래야 동물성 식품이 공급하는 영양혜택을 누릴 기회가 모든 사람에게 제공된다. 저소득 국가는 필요한 영양을 충족할 수 있도록 육류를 충분히 섭취하게 만든다는 목표를 세워야 한다. 그러려면 식품 공급사슬의 인프라를 개선하고 동물성 식품에 보조금을 지급해 가격을 낮춰야 한다. 한편 중소득 국가는 육류 섭취량이 적정 수준을 넘지 않도록 관리한다는 목표를 세워야 할 것이다.

지속가능성과
건강의 균형 맞추기

우리는 각자 고품질의 건강한 음식을 섭취해야 할 책임이 있다. 하지만 4장에서 설명했듯, 이 세상에는 고품질의 건강한 음식을 선택하기 어려운 사람들이 많다. 푸드 시스템의 구조적인 불평등과 통제부족 때문이다. 고품질의 건강한 음식을 먹는다는 것은 말처럼 쉬운 일이 아니다. 특히, 식품을 선택할 때 환경의 지속가능성까지 고려한다면 더욱 간단한 일이 아니다.

유제품과 살코기, 생선, 해산물, 견과류, 과일, 채소를 많이 섭취하는 식단은 개인에게는 필요한 영양을 충족할 수 있는 식단이지만, 이런 식품 중에는 들어가는 글에서 언급한 바나나처럼 환경발자국 수치가 높은 식품들이 있다. 더욱이 생선과 해산물을 생산하는 방식 중에서 저인망어업 같은 것은 작업자들이 위험하거나 부당한 노동조건에서 일하기 쉬울 뿐 아니라 온실가스를 배출하고, 해양 생물다양성을 감소시키며, 대양저를 파괴한다. 아몬드나 캐슈넛 같은 견과류는 물발자국 수치가 아주 높다. 물론 호두나 해바라기씨처럼 물발자국 수치가 상대적으로 낮은 견과류도 있고, 생선과 해산물도 책임감 있는 양식을 통해 지속가능하게 생산되기도 한다. 하지만 우리가 각자 지속가능한 선택을 하려면 지속가능한 생산방식을 알고 그 지식을 식품 선택에 적용할 수 있어야 한다. 세상에는 온갖 정보가 복잡하게 나돌고 상점에는 엄청나게 많은 상품이 진열되어 있어 처음에는 지속가능한 식품을 선택하기가 대단히 어렵고 시간도 아주 많이 걸릴 것이다.

소비자가 현명한 식품 선택을 하려면 연구단체와 교육자들이 식품 선택을 뒷받침하는 과학정보를 효과적으로 전달해주어야 한다. 정부는 소비자가 더 확실한 정보를 바탕으로 공정한 선택을 하도록 증거에 기반한 정책을 마련해야 한다. 식품업계는 식품라벨에 표기하거나 온라인에 게시하는 등으로 그 식품의 생산방식에 관한 정보를 공개하고, 언론은 소비자들이 과학정보를 제대로 파악할 수 있도록 간단하고 이해하기 쉽게 전달해야 한다. 이런 노력이 없으면 소비자가 지속가능하거나 건강한 식품과 그렇지 않은 식품을 구분하기가 매우 어렵다.

캠페인과 대중매체도 소비사의 인식을 높이는 데 도움이 된다. 모든 학교 급식에 '육류 없는 월요일(Meatless Mondays)' 같은 캠페인을 도입하면 학생들이 채식과 더 가까워질 수 있다. 고소득 국가는 과잉섭취라는 고질병을 고치겠다는 목표를 추진해야만 한다. 탄소 배출량이 많은 식품에 세금을 물리고, 패스트푸드점과 식당에서 대체 단백질 식품 판매를 늘리도록 권장하고, 공공 조달기관이 학교와 병원과 교정시설 등에 식물성 식단 비중을 늘리도록 지도해야 한다.

건강과 지속가능성의 균형을 맞추면 선택이 더 쉬워진다. 개별 식품과 식품군이 인간과 지구의 건강에 미치는 영향을 평가하는 연구작업이 지금껏 수없이 진행되었다. 생선은 일반적으로 건강한 식품으로 인정되지만, 식물성 식단보다 평균적으로 더 많은 발자국을 환경에 남기며, 몸집이 큰 생선은 대체로 수은 함량이 높다. 가공되지 않은 붉은 육류는 대부분의 환경지표에 가장 큰 영향을 미친다. 유제품이나 달걀, 닭고기처럼 환경에 주는 영향이 중간 정도이거나 건강에 미치는 역효과가 그리 크지 않은 식품으로 붉은 육류를 대체하면 건강도 개선되고 환경피해도 감소할 것이다.[2] 붉은 육류 대신 우유와 요구르트를 섭취하면 소비자는 유제품이 주는 건강의 혜택도 누리고 환경발자국도 줄일 수 있다.[3]

건강하고 지속가능한 식단을 달성하려고 노력할 때 수많은 요인이 작용한다는 사실을 잘 보여주는 사례가 케냐의 푸드시스템이다. 낙타젖을 예로 들어보자. 현재는 기본적으로 낙타젖을 생산하는 기술수준이 낮아서 낙타 한 마리당 하루에 생산하는 낙타젖이 평균 5리터에 불과하다. 하지만 품종을 개량하고 사육방법을 개선하면 하루 생산량이 20리터까지 늘어날 수 있다. 이렇게 되면 아프리카의 뿔 지역 영양실조 부담이 감소할 테지만, 그러려면 빈번하게 발생하는 혹독한 가뭄과 문화적으로 낙타젖을 선호하지 않는 장벽을 넘어서야 한다.

미리 짜 맞춰진 대로 계획을 추진하기보다는 지역별로 현재의 푸드시스템을 조정해 인간과 환경의 건강을 더 크게 개선할 방법을 고민하는 것이 좋다. 그리고 우리는 각자 푸드시스템 안에서 가능한 최고의 선택을 하며 살아야 한다. 케냐에서 구할 수 있는 식품은 미국에서 구할 수 있는 식품과 다르다. 하지만 케냐나 미국이나 대부분 사람에게는 선택지가 있고, 그중에는 다른 식품보다 더 건강하고 더 지속가능한 식품이 있기 마련이다. 무엇보다 이런 식품들이 더 매력적이고, 더 맛있고, 적당한 가격에 판매되도록 해야 한다.

기후변화의 고삐를 당긴다고 해서 환경에 큰 영향을 주는 식품을 완전히 몰아내야 한다는 뜻은 아니다. 환경영향이 큰 식품을 환경영향이 적은 식품으로 대체하고 소비량을 감축하기만 해도 큰 효과를 얻을 수 있다. WRI는 소고기를 많이 먹는 국가들이 소고기로 섭취하는 열량을 하루 평균 50칼로리 정도로만 줄이면 더 이상 농업을 확장하고 그에 따라 삼림을 파괴할 필요가 거의 없다고 주장한다.[4] 또한 WRI는 미국인들이 육류와 유제품 섭취를 줄이면 식단과 관련해 미국이 환경에 미치는 영향이 절반으로 줄어든다는 보고서도 발표했다.[5] 최근 식료품점과 패스트푸드점에는 식물성 햄버거와 (줄기세포에서 키운 해산물인) 배양생선, 고기와 채소를 섞은 대체육이 등장하고 있다. 이런 대체식품들은 맛과 질감, 모양이 고

272

기와 똑같다.

　　전 세계가 식물성 식품 위주 식단으로 전환하면 현재 추세가 2050년까지 이어진다고 가정한 수치에 비해 사망률은 6~10퍼센트, 식품 관련 온실가스 배출량은 29~70퍼센트 감소한다.[6] 무엇보다 우리가 각자 (특히 고소득 국가에서 많은 양의 육류를 섭취하는 사람이) 식물성 식품 위주로 식단을 구성하고 동물성 식품 섭취량을 적정선 이하로 유지하면 자신의 건강과 지구의 건강에 이바지할 수 있다.

라이프스타일에 맞는
식단 선택하기

우리에게 잘 알려진 식단 중에서 건강과 지속가능성에 최적인 식단이 무엇이냐고 묻는 사람들이 많다. 우리가 잘 아는 대표적인 식단으로는 채식주의 식단, 엄격한 채식주의 식단, 반채식주의 식단, 해산물 채식주의 식단, 지중해 식단 등이 있다.

동물성 식품을 식물성 대체식품으로 바꾸면 환경에 큰 도움이 되므로 채식과 엄격한 채식은 온실가스 배출량과 물 사용량, 토지 사용률을 비교적 크게 감축하는 데 이바지하는 식단이다.[7] 채식만큼은 아니지만, 생선과 가금류를 더 많이 먹고 고기를 더 적게 섭취하는 식단도 환경에 미치는 영향을 줄이는 식단이다.

채식주의자는 견과류나 씨앗, 콩류, 템페(tempeh, 인도
네시아 전통 콩 발효식품—옮긴이), 두부, 세이탄(seitan, 밀의 글루텐
을 이용해 만든 대표적인 식물성 고기—옮긴이) 등 단백질이 풍부한
식물성 식품을 다양하게 섭취해 단백질 균형을 맞춰야
한다. 달걀과 유제품으로 필요한 단백질과 영양을 채우
는 방법도 있다. 엄격한 채식 식단은 채식 식단과 비슷하
지만 동물성 식품을 전혀 섭취하지 않는다. 그래서 이 식
단을 실천하는 사람은 필요한 영양을 채우기 위해 다양
한 식물성 식품과 단백질이 풍부한 식물을 섭취하는 것
이 특히 중요하다.

반채식은 주로 식물성 식품을 먹지만 고기나 동물성
식품도 적당히 섭취한다. 해산물 채식도 반채식과 비슷
하지만, 육류는 제외하고 해산물만 섭취하는 점이 다르
다. 해산물 채식 중에도 유제품과 달걀을 섭취하는 (락토-
오보 채식이라 부르는) 해산물 채식도 있다.

끝으로 지중해 식단은 과일과 채소, 콩류 같은 식물
성 식품과 더불어 견과류와 올리브유처럼 건강한 지방
섭취도 강조한다. 모두 건강에 유익한 점이 많고 환경 지
속가능성도 뒷받침하는 식품들이다. 스페인의 경우 지중

해 식단을 실천하면 온실가스 배출 72퍼센트, 토지 사용 58퍼센트, 에너지 사용 52퍼센트, 물 사용 33퍼센트가 감소할 것이라는 연구결과가 있다.[8]

흔히 지중해 식단은 세계에서 가장 건강하고 가장 지속가능한 식단 중 하나로 평가받지만, 사실 지중해 식단을 실천하는 사람은 비교적 많지 않다. 내가 이탈리아에 살 당시 관찰해보니 지중해 식단의 종주국 중 하나인 이탈리아에서도 지중해 식단을 지키는 사람이 거의 없었다. 이제 실천하는 사람이 매우 드문 지중해 식단은 '사라지는 식단'이라고 할 수 있다. 로마에서 포도주 대신 식탁에 놓인 청량음료와 나폴리에서 감자튀김과 핫도그를 토핑으로 올린 피자는 현대 이탈리아 식단이 지중해와 어울리지 않는다는 것을 보여주는 사례다. 지역과 어울리는 전통식단 중 역사적으로 건강에 유익하다고 알려진 식단으로 오키나와 식단도 있다. 일본 남서쪽의 오키나와섬은 100세 이상 장수하는 사람이 많기로 유명한 곳이다. 생선, 콩과 함께 (고구마, 표고버섯, 여주 등) 채소를 많이 먹고 설탕과 유제품을 적게 섭취하는 것이 오키나와 사람들의 장수 비결 중 하나로 꼽힌다. 하지만 불행히도 현재 오키나와 식단은 사라진 것이나 다름없다. 오키나와에 미군기지가 들어선 영향도 있겠지만 패스트푸드점이 우후죽순처럼 늘어나는 등, 오키나와 주민들의 식단이 바뀌며 비전염성 질환 발생률도 하늘로 치솟았다. 오키나와의 변화는 세계화와 도시화가 전 지구로 번지면서 '전통식단'이 버림받는 과정을 보여주는 대표적인 사례다.

2016년 런던위생열대의학대학원의 루카스 알렉산드로비치(Lukasz Aleksandrowicz)와 연구진은 63개 연구결과에서 도출한 210가지 시나리오를 검토한 결과, 엄격한 채식주의 식단은 온실가스 배출과 토지 사용을 대폭 감소시키고 채식주의 식단은 물 사용을 크게 줄인다는 사실을 확인했다.[9] 식사 패턴에 따른 탄소발자국을 검토한 결과, 엄격한 채식주의 식단으로 바꾸면 식단과 관련해 배출되는 온실가스가 24~53퍼센트, 채식 식단으로 바꾸면 18~35퍼센트, 지중해 식단으로 전환하면 6~17퍼센트 감소하는 것으로 확인되었다.[10]

식품행동과
식품의식 고취

식품 선택만이 건강과 환경 지속가능성을 결정하는 유일한 요소는 아니다. 식품행동은 세 가지로 나눌 수 있고, 이 세 가지 행동은 서로 긴밀히 연결되어 있다.

- 식품을 구매하는 행동
- 식품을 준비하고 조리하는 행동
- 음식을 섭취하며 맛을 느끼고 심미적 판단을 내리는 행동

이 세 가지 행동 하나하나가 건강과 환경 지속가능

성에 영향을 미친다.

우리가 소비자로서 식품환경에 거는 기대와 가치관, 바람을 제시하면 식품수요를 바꾸고 식품 생산자와 공급자의 행동방식에 영향을 미칠 수 있다. 푸드시스템에 새로운 관습을 도입하는 것도 더 지속가능하고 더 건강한 새로운 식품 '조합'의 탄생을 촉구하는 계기가 될 수 있다. 다시 말해, 식품행동은 식품의 공급이나 다양성을 증가시킬 수 있고, 결국 사람들에게 훨씬 더 다양한 식품환경에 접근할 기회를 마련해준다.

식사는 규범에 따라 해야 할 일과 하지 말아야 할 일이 정해진 행위가 아니다. 즐겁고 보람 있는 경험이어야 한다. 식사시간은 사회활동을 하며 관계를 쌓는 중요한 기회다. 전통과 문화에 따라 선호하는 식품이 다르므로 나와 다른 식품 취향도 마땅히 존중해야 한다.

식품의식은 개인이 자신을 둘러싼 식품환경의 모든 측면을 고려해 더 나은 선택을 하려고 애쓰는 모든 행동을 의미한다. 음식물쓰레기를 줄이거나 식품라벨을 꼼꼼히 확인하고, 지속가능한 포장을 선택하고, '못난이' 혹은 흠이 있는 식품을 구매하고, 식품이 산지에서 매장까지 이동한 거리 등 식품마다 환경에 미치는 영향을 의식하고 섭취하는 행동 등이 모두 식품의식에 포함된다.

식품의식을 발휘하는 한 가지 좋은 방법이 음식물쓰레기에 더 큰 관심을 쏟는 것이다. 음식물쓰레기는 눈에 잘 띄지 않아서 사회규범이나 사회적 신호가 개입할 여지가 아주 적다. 얼마나 많은 음식이 쓰레기로 버려지는지, 그리고 음식물쓰레기를 줄이려면 어떻게 해야 할지 모르는 사람이 많을 것이다. 필리핀의 연구결과를 보면, 구매한 식품을 깜빡 잊고 조리하지 않거나, 너무 많은 양을 조리하거나, 한꺼번에 너무 많은 양을 구매한 것이 가정에서 과일과 채소를 쓰레기로 버리는 주요 원인이었다.[11] 매립장에 쌓이는 음식물쓰레기는 메탄가스 같은 온실가스 배출량을 늘리는 주범이고, 많은 사람에게 절실히 필요한 영양분과 자원을 낭비하는 것이다.

음식물쓰레기를 줄이는 신기술도 식품의식을 발휘하는 데 도움이 된다. 쇼핑목록 앱, 신선도와 숙성도를 알려주는 지능형 표시장치, 원거리에서 식품을 살필 수 있는 스마트 냉장고, 식품의 신선도와 부패 정도를 추적하는 앱 등이 모두 이런 기술이다. 이러한 신기술은 비교적 부유한 소비자들만 이용할 수 있다는 단점이 있지만, 대체로 음식물쓰레기를 아주 많이 배출하는 사람들도 바로 이들이다.

지역의 정보와 문화, 가치관에 기초해 식품을 생산하면 영양가 높은 전통식단이 다시 살아나 소비자들에게 더 건강한 선택지가 제공될 수 있다. 전통식품은 문화를 전달하는 매개체 역할도 하지만 건강에도 도움을 준다. 입에 맞지 않고 건강에 나쁜 식품을 귀하게 여기는 전통은 거의 없기 때문이다. 말리에서 생태농업을 실천하는 여성 농부 모임인 COFERSA(Convergence des Femmes Rurales pour la Souveraine Alimentaire)는 포니오, 기장, 수수 같은 지역 농산물의 훌륭한 맛과 식감, 영양혜택을 홍보하며 새로운 식품시장을 개척하고 있다. 뉴욕에서 식당을 경영하는 세네갈 출신 요리사 피에르 티암(Pierre Thiam)은 요레레식품(Yolele Foods)을 설립해 중요한 서아프리카 요리법, 특히 슈퍼곡물인 포니오를 조리하고 섭취하는 방법을 널리 알렸다.

세계중요농업유산도 푸드시스템을 개선할 수 있는 행동이 무엇인지 구체적으로 보여준다. 이들은 환경과 인간을 따로 구분하지 않는다. 생명체와 땅이 서로 긴밀히 연결되고 영성으로 묶여 있다고 생각한다. 이런 총체적인 관점으로 보면 인간이나 식량 생산이 푸드시스템의 중심이 아니다. 환경과 그 속에 사는 생명체 사이의 균형 유지가 가장 중요한 핵심이다.

전통사회는 식품이 밭에서 식탁에 오르기까지 영양과 관련한 문제에 대해 폭넓은 이해를 가지고 있는 경우가 많다. 토종작물의 영양가와 건강증진효과도 그중 일부나. 많은 공동체가 보유한 생명문화지식 중 중요한 부분이 바로 음식을 준비하고 재료들을 조합하고 가공하고 보존하는 지식이다. 이런 지식을 대표하는 것이 발효식품이다. 원주민들의 푸드시스템을 자세히 관찰해보면 향토문화에 대한 긍지를 개입전략으로 활용할 때 원주민들의 건강과 영양이 개선되는 것으로 확인된다.[12] 이 모든 것이 개인의 식품 선택에 영향을 미친다. 하지만 젊은이들이 교육기회와 일자리를 찾아 도심지로 이주하며 세대 간 지식전달이 끊김으로써 전통 푸드시스템의 생존기반이 위협받고 있다. 농촌과 원주민들의 지식을 지원하고 보존하는 것은 매우 중요한 일이다. 그러지 않으면 소중한 지식이 영원히 사라져버릴 것이다.

결국 인류의 영양을 개선하고 환경을 보존하려면 반드시 우리의 행동을 바꿔야 한다. 행동이 바뀌는 데는 자기훈련 외에도 교육과 지식, 인종, 사회적 지위, 정신건강, 스트레스 수준, 자율성, 자원통제, 가정과 공동체의 사회적 지원 등 많은 요인이 작용한다. 식생활 습관을 바꾸려면 현실에 기초해 공정성과 사회규범, 문화환경을 세심하게 살피는 새로운 행동 변화 접근법이 필요하다.

음식물쓰레기를 줄이려면?

진 세계에서 생산된 식량 중 무려 3분의 1이 음식물쓰레기로 매립되거나 소각되어 온실가스를 배출하는 것으로 추정된다. 생산이나 조리 과정에서 변질되거나 버려지는 식량과 섭취 후 남은 식품, 포장재료까지 모두 음식물쓰레기다. 식품 생산자나 판매점, 식당 운영자들은 모두 나름대로 음식물쓰레기를 줄이는 방법을 알고 있지만, 소비자는 다음과 같은 방법으로 음식물쓰레기를 줄일 수 있다.

- 유통기한이 지나 식품이 변질되는 일이 없도록 필요한 양만큼만 구매하기

- 한 끼 분량을 줄이기

- CSA 프로그램에 등록해 근처 농장에서 생산된 신선한 식품을 구매하기

- 브로콜리 줄기나 갈변한 바나나처럼 먹을 수 있는 식품을 버리지 않고 섭취할 방법 찾기 (브로콜리 줄기나 갈변한 바나나는 빵이나

머핀 재료로 안성맞춤이다.)

- 남은 재료나 일반적으로 그냥 버리는 (닭 뼈 등) 부산물을 이용해 육수나 소스를 만드는 등 조리법에 얽매이지 않고 창의적으로 요리하기

- 달걀 껍데기와 커피 찌꺼기, 과일 껍질 등으로 퇴비를 만들어 정원이나 밭에 뿌리기

- 여분의 식품은 이웃이나 친구와 나누거나 지역쉼터에 기부하기

- 미스피츠마켓(Misfits Market)과 임퍼펙트푸즈 같은 회사에서 흠 있는 못난이 식품 구매하기

- 식품포장 폐기물 재활용하기. 단, 지역별로 재활용품 수거업체가 수거하는 포장지와 수거하지 않는 포장지를 구분해야 한다. 최근 케냐와 아시아에서 재활용할 수 있는 식품포장 폐기물이 쓰레기 매립장과 수로로 흘러들어 경관을 심하게 훼손하고, 화석연료를 태우며 운송되는 과정에서 더 많은 탄소발자국을 남기고 있다.

- 더 지속가능한 식료품 구매와 섭취에 도움이 되는 앱과 팔리지 않고 남은 음식을 할인가격으로 판매하는 식당을 소비자에게 연결해주는 앱 설치하기. 보스턴과 뉴욕의 푸드포올(Food for All)이나 유럽과 미국 일부 주의 투굿투고(Too Good to Go) 등이 있다.

식품문맹을 줄이고
요리경험 쌓기

세계 푸드시스템이 바뀌려면 먹거리가 개인의 행복뿐 아
니라 지역공동체와 세계공동체, 지구에도 중요한 문제라
는 인식이 널리 퍼져야 한다. 건강한 식단은 어떤 것인
지, 공평하고 지속가능한 푸드시스템을 구축하기 위해
각자 할 일이 무엇인지 알 수 있도록 충실한 정보가 제공
되어야 한다.

소비자가 식품을 고르는 일이 점점 더 복잡해지고
있다. 식품을 생산하고 가공하는 과정이 과학적으로 점
점 더 복잡해지면서 소비자가 식품과학을 이해하는 부담
도 커졌다. 언론매체에는 건강한 식단과 푸드시스템에

관한 정보가 넘쳐나지만 소비자가 '최신 연구결과'에 담긴 과학을 해독하기란 쉽지 않은 일이다. 신선한 농산물을 더 많이 먹고 소금 섭취량을 줄이라는 조언처럼, 영양에 관한 정보 중에는 수십 년간 내용이 거의 변하지 않은 조언들도 있다. 하지만 건강하고 지속가능한 식단과 관련해 내용이 아주 복잡하거나 일관성이 없는 조언들도 존재한다.

영양 교육은 보건이나 식품생산 분야에 몸담은 사람부터 매일 먹을 것을 선택하는 소비자에 이르기까지 모든 사회구성원에게 중요한 문제다. 하지만 보건 전문가나 심지어 의과 대학생도 영양 교육을 받지 못한 경우가 대부분이다. 지역 보건 관계자나 농업진흥사업 담당자도 마찬가지로 영양 교육을 지나치기 일쑤다. 지역 보건 관계자는 영양실조 환자를 선별처리하면서 한편으로 보건과 관련해 영양 교육을 정기적으로 실시할 수 있을 것이다. 보건 관계자와 농업진흥사업 담당자들이 영양 교육을 받으면 많은 가정에 기본적인 식생활 지침을 전달하고 영양 정보도 제공할 수 있다. 여러 분야의 담당자들을 한데 모아 교육하면 분야를 뛰어넘는 협력도 가능해질 것이다.

　　교육기관은 기본교육과 평생교육, 기술훈련 외에도
농부와 생산자, 시민단체 대표, 청년 등이 한데 모여 지
식을 교환하고 능력을 배양할 기회를 마련함으로써 건강
과 영양에 관한 대중의 인식을 끌어올릴 수 있다. 스마트
폰과 모바일 기술을 동원해 영양 교육과 정보를 제공하
거나 식품시장에 참가해 혁신을 이끌도록 유도하고, 외
진 곳에 있어 영양에 취약한 가정들을 살필 수 있다. 소
셜미디어를 활용하면 이해도와 투명성, 책임감을 보다
쉽게 끌어올릴 수 있다. 부모와 조부모, 고용인과 고용
주 등에게 맞춤 메시지를 전달해 식생활 습관을 바꿀 책
임과 권한을 일깨울 수도 있다. 식단과 영양 개선을 위해
이런 기술을 책임감 있게 활용할 가장 바람직한 방법을
찾고, 소셜미디어가 어린 소비자들에게 건강에 나쁜 식
품을 판매하는 마케팅 수단으로 악용되지 않도록 방지할
방법도 모색해야 한다.

　　어린이와 청소년은 미래의 유행과 입맛을 이끌 주인
공이다. 유치원과 학교는 건강한 식단 교육에 더 집중해
야 한다. 건강에 나쁜 초가공식품은 더 흔해지고 더 저렴
해지는 반면 채소나 생선처럼 가공되지 않은 식품은 가
격이 더 올라감에 따라 어린이의 식단에서 초가공식품

비중이 점점 더 커지고 있다. 게다가 이런 초가공식품은 공격적인 마케팅 전술까지 더해 솔깃한 색상과 맛, 질감으로 어린이들을 유혹한다. 초가공식품이 소비자를 유혹하는 요인들을 분석해 어린이에게 건강한 식품을 권장하는 전략을 설계해야 한다. 학교에서 건강한 음식을 제공하고 교육을 병행하면 어릴 때부터 아이들의 식생활 습관이 바로잡히고, 이 아이들이 집으로 돌아가 가족들에게 새로운 식생활 습관을 전파할 수도 있다.

식품문맹을 타파하려면 실질적인 음식솜씨와 더불어 식품의 사회적·문화적·환경적 차원까지 제대로 인식하고 이해하는 튼튼한 기초가 필요하다. 불행히도 식품문맹률이 높은 지역이 여전히 많다. 미국인이 그토록 육류를 즐기는 이유를 조사한 결과, 건강하고 지속가능한 식품이 무엇인지 혼동하는 사람이 많다는 것이 확인됐다. 조사 과정에서 미국 소비자들에게 여러 가지 식품을 보여주며 각자 나름대로 분류해보라고 요청하자 그들은 과일과 채소, 유제품 등으로 식품을 분류했지만 소비자들 대부분이 식물성 '우유'와 임파서블버거(Impossible Burger)나 비욘드미트(Beyond Meat) 같은 대체육을 어디다 넣어야 할지 난감해했다. 흥미로운 사실은 소비자들이

이런 식품은 전형적인 식품군에 속하지 않는다고 생각한
것이다. 게다가 실험실에서 키우거나 배양한 고기를 (신
뢰하지 않거나) 이해하지 못하는 사람이 대부분이었다. 실
험실에서 키운 고기를 본 소비자의 반응은 유전자조작
식품이 처음 시장에 선보일 때 흔히 나타난 부정적인 반
응이나 의심과 비슷할 것이다. 이처럼 새롭게 등장한 기
술에 대한 이해 부족은 환경과 건강에 혜택을 줄 식품이
성공적으로 안착하는 데 방해가 된다.

식품을 구매하고 관리하고 음식을 준비하는 방법을
교육하고 인식을 끌어올리면 소비자의 마음가짐과 행동
에서 긍정적인 효과가 나타날 수 있다. 우리 대부분은 식
료품점에서 농산물을 구매할 때 신선도에 크게 신경 쓰
지 않는다. 일반적으로 가장 오래 보관할 수 있는 감자는
최대 4개월의 저장기간을 거쳐 판매되는 경우도 있다.
농산물이 판매장에 도착한 후에도 수일간 진열된다. 회
전율이 낮은 매장에서는 농산물이 다 팔릴 때까지 몇 주
가 걸리기도 한다. 우리가 식료품점에서 판매하는 농산
물의 유통기한을 통제할 수는 없지만, 농부들이 운영하
는 직판장을 이용하거나 CSA 프로그램에 가입하거나 못
난이 농산물을 외곽까지 배송하는 회사를 통해 더 신선

한 농산물을 즐길 수 있다. 안타깝지만 농부나 지역사회가 지원하는 시장이 어디나 있는 것은 아니다. 당신 주변에 이런 시장이 있다면 행운이다. 그곳에 가면 흔히 볼수 없는 식품도 구매할 수 있고, 농산물 가격도 대형마켓보다 저렴하다.

농산물의 신선도가 중요한 이유가 있다. 과일과 채소는 대체로 수확 직후에 영양가가 가장 높고 수확 후 열이나 빛, 산소에 노출되며 영양가가 점점 떨어진다. 농산물을 최적의 환경에서 저장해도 영양손실은 발생한다. 과일과 채소 열아홉 종류를 조사한 결과, 냉장고에 보관한 지 15일이 지나면 대부분 비타민C 함량과 항산화효과가 떨어지는 것으로 밝혀졌다.[13] 신선한 농산물을 구할 수 없을 때 좋은 차선책이 냉동 농산물이다. 냉동 농산물이 캔에 든 식품보다는 건강에 좋다.

식품포장에 표시된 날짜도 제대로 이해하는 것이 중요하다. '품질유지기한(best before)'으로 표시된 날짜는 식품이 기대 품질을 유지하는 일자를 나타낸다. 그래서 품질유지기한이 지나도 섭취할 수 있다. '소비기한(use by)'으로 표시된 날짜는 그 시간이 지난 식품을 먹으면 안전하지 않다는 의미다. 소비자들이 이런 정보와 더불어 가정에서 식품을 안전하게 다루는 방법을 알면 건강을 증진하고 음식물쓰레기를 줄일 수 있다.

음식을 준비하고 조리하는 과정에서도 치밀한 식품의식을 발휘할 수 있다. 에너지 효율이 좋은 레인지 등 안전하고 효율적인 도구를 사용하면 음식을 준비하는 과정에서 환경에 주는 부담을 줄일 수 있다. 음식을 조리하는 기술에 따라 건강에 주는 혜택도 달라진다. 지용성 비타민 함량이 높은 식품은 기름으로 조리해야 비타민 흡수율이 높아지고, 철제 조리기구로 요리를 하면 철분 흡수율이 높아진다. 특히 산성 식품을 철제 솥에 넣고 고온으로 조리하면 철분 함량이 높아지고, 산성 식품에 많이 함유된 비타민C가 철분 흡수를 돕는다. 녹색잎채소를 데칠 때 아주 적은 양의 물을 사용한 뒤 그 물을 버리지 않고 (국을 끓이는 등으로) 다시 쓰면 채소에 함유된 수용성 비타민이 조리과정에서 손실되는 일을 막을 수 있다. 곡물을 도정할 때도 도정 횟수를 최소한으로 제한해야 곡물의 배아 부분에 집중된 영양소를 섭취할 수 있다. 식품에 따라 도정하거나, 껍질을 벗기거나, 물에 담그거나, 발아시키거나, 발효시키거나, 건조하는 기술을 활용하면 미량영양소를 단단히 둘러싼 (피트산염 등의) 화합물을 제거하는 동시에 아주 중요한 미량영양소를 보존할 수 있다. 대단히 유익한 기술들이지만, 시간도 많이 들고 선투자와 숙련된 솜씨가 필요하다. 가정에서 이런 기술들을 활용하려 해도 시간이 없거나 주방설비가 부족하거나, 심지어 수도나 전기가 들어오지 않아서 포기하는 사람도 많다.

건강한 식단을 준비하고 충분한 영양을 섭취하려면 조리지식과 음식솜씨가 필요하지만, 가공식품과 즉석조리식품의 비중이 점점 더 커지며 사람들은 음식솜씨를 잃고 말았다. 식료품점에서 즉석조리식품을 구입하는 것이 더 간편하기 때문이다. 재료를 구입해서 요리하려면 시간과 노력이 들고, 세상에는 시간부족에 허덕이는 사람이 너무나 많다. 주방에서 직접 요리하지 않는 사람들을 탓할 일이 아니다. 음식솜씨를 기르는 것이 하나의 방법이지만, 그렇다고 해서 식품환경에 책임이 없다는 뜻은 아니다. 혹시 코로나19가 유행하며 사회적 거리 두기로 집에 머물러야 하는 사람이 있다면, 자신의 삶에 요리하는 습관을 더하는 기회로 삼아보는 것도 좋을 것이다.

변화를 향한 결집

우리는 식탁 위의 포크뿐 아니라 돈으로도 찬반 의사를 분명히 밝힐 수 있다. 영양과 지속가능성의 개선을 추진하는 정책과 정치인을 지원하면 된다. 인권운동가인 이사투 잘로(Isatou Jallow)도 이렇게 주장했다.

정치적 의지에 사람들의 의지가 합쳐지면 지속가능한 의지가 된다.[14]

정책 결정은 정부만 하는 일이 아니다. 시민단체도 각자 정책을 세울 수 있다. 프랑스에서는 지역사회 풀뿌리 시민을 중심으로 결성된 AMAP(Association pour le Maintien d'une Agriculture Paysanne, 소규모 가족농 유지 연대)가 식생활의 성공적인 변화를 이끌었다. AMAP는 소비자 집단의 강력한 지원과 위험분담으로 소규모 농가가 농사를 이어갈 수 있도록 하자는 취지로 결성되었다. 이런 시민운동이 다양한 영양개선 활동과 연결되어 변화를 향해 서로 연대하고 네트워크를 이뤄 협력하면 훨씬 더 큰 지지를 이끌어낼 수 있다.

공동체 안에서 추진하는 운동이 지역과 국가, 더 나아가 세계의 변화를 불러일으키기도 한다. 사회운동과 시민사회단체는 소규모 농가나 목축업자, 농민, 식품업계 종사자, 소규모 수산업자, 수렵채집인, 원주민, 땅이 없는 사람, 농촌 여성, 청년들의 목소리를 전 세계로 전파할 수 있다. 디지털 기술이 발전하며 이제는 단체나 기관, 개인이 직접 전 세계에 의견을 전달할 수 있게 되었다. 이런 플랫폼을 활용하면 토론하고 교육하고 능력을 배양하고 책임감을 고취함은 물론 보다 잘 감시할 수 있을 것이다.

의학 학술지 〈랜싯〉이 2008년과 2013년에 산모와 아기의 영양부족에 관한 보고서를 잇달아 발표하며 시작된 '천 일의 기적(1,000 Days)' 캠페인은 아기의 첫 천 일이 미래 삶에 큰 영향을 주는 중요한 기회의 창이라는 인식을 널리 퍼트렸다. '천 일의 기적' 캠페인은 더 강력한 대책을 세워 산모와 아기의 영양개선에 투자하고 다양한 분야가 협력해 영양실조를 줄이려는 노력을 확대하라고 촉구하면서 계속해서 새로운 투자와 협력을 이끄는 중심이 되었다. '천 일의 기석' 캠페인은 사람들의 마음을 움직였고, 전임 미국 국무장관 힐러리 클린턴(Hillary Clinton)처럼 영향력 있는 정치인들이 산모와 아기의 영양개선에 큰 관심을 보였다. 결국 '천 일의 기적' 캠페인은 60개국 이상에서 영양 프로그램을 확대하는 성과를 거뒀다.

공동체를 결집하는 또 다른 방법은 지역 푸드시스템에 참여하는 것이다. 개인적으로 지역사회의 농부나 생산자, 정치인에게 다가서면 된다. 식품 생산체계와 관련된 지역단체나 지역민과 관계를 쌓으면 그들의 고충을 더 정확히 이해하고 지지할 수 있다. 지역에서 나는 제철 음식들로 꾸민 건강한 식단을 널리 알리는 동시에 이동 거리가 짧고 가까운 식품 유통망을 이용하자고 촉구하면 농부와 소비자, 땅의 관계가 더 긴밀해질 수 있다. 지역에 유통 거점을 마련해 건강하고 신선하고 상하기 쉬운 농산물 위주로 공급하면 운송과 소비 단계에서 발생하는 음식물쓰레기도 줄어들 것이다.

　지역공동체는 정부와 관계없이 나름대로 건강을 지키는 계획과 방안을 세울 수 있다. 공동체 중심의 공중보건사업이 개발도상국의 급성 영양실조를 해결한 혁신적인 사례가 있다. 밸리드뉴트리션(Valid Nutrition)의 스티브 콜린스(Steve Collins)가 개발한 지역중심 급성 영양실조 관리사업(Community Management of Acute Malnutrition, CMAM)이다. CMAM은 환자를 적극적으로 찾아야 한다는 인식을 널리 보급해 공동체가 심각한 급성 영양실조 징후를 조기에 발견하도록 참여시키는 접근법이다. 본래 CMAM은 비상상황에 대응하는 방법으로 설계되었지만, 제반 요소가 제대로 갖춰지면 평상시에도 효과가 있는 것으로 밝혀졌다. (버락 오바마 대통령의 할머니가 사는 마을과 가까운) 케냐 사우리 마을에서 지역 보건 관계자와 의료진이 CMAM 교육을 받았다. 당시 사우리 마을의 어린이 중 5퍼센트가 급성 영양실조를 앓고 있었고, 이 아이들이 사망하지 않도록 하려는 조치였다. 공동체의 인식이 깨이며 CMAM은 급성 영양실조에 걸린 아동들을 진단하고 증상에 맞춰 다음 중 하나의 치료법을 적용했다.

- 입원시켜 영양치료식을 공급하는 치료법

- 통원하며 영양치료식을 공급하는 치료법

- 가정에서 로컬푸드로 영양을 보충하는 치료법

이 방법은 말라리아나 설사, 심각한 주요 소아질환 등 각종 질병에 적용할 수 있다. CMAM의 핵심은 공동체가 영양실조 증상을 보이는 어린이를 조기에 찾아내 보호하고 치료한다는 인식이다.

변화를 이끄는 지원

지도자들은 영양과 지속가능성 개선을 지지하는 동시에 대중이 현명한 결정을 내릴 수 있도록 정확한 정보를 제공해야 한다. 영양학계는 과학자와 지지자, 작가, 요리사, 유행을 선도하는 사람, 풀뿌리 정책입안자 등 다양한 지도자가 필요하다. 이를테면 작가 마이클 폴란은 영양학자도 아니고 과학자도 아니지만 전 세계 많은 사람에게 영양의 중요성을 알렸다. 《잡식동물의 딜레마》(2006)와 《마이클 폴란의 행복한 밥상(In Defense of Food: An Eater's Manifesto)》(2008), 《요리를 욕망하다(Cooked: A Natural History of Transformation)》(2013) 등 그가 많은 책을 발표하며 도운 덕분에 건강과 지속가능성에 대한 인식이 크게 확산됐다.

음식을 먹되 주로 채식을 하고, 과식하지 말라.[15]

얼마나 이해하기 쉬운 말인가! 폴란은 푸드시스템이 직면한 문제를 주로 이야기하지만 영양 문제도 자주 거론하며 경제적 현실이 비교적 어려운 사람들의 영양 문제가 자연스럽게 해결되는 이상적인 푸드시스템이 어떤 것인지 보여준다.

스웨덴의 청소년 환경운동가 그레타 툰베리(Greta Thunberg)도 과학계 밖에서 세계를 이끄는 사람 중 하나다. 기후변화 등 여러 가지 사안에 폭넓게 주목하는 툰베리는 2019년 수많은 도시에서 수많은 학생이 참가해 기후변화에 대한 행동을 촉구한 시위를 이끌기도 했다. 개인적 변화를 넘어 국가적 노력과 국제적 지지를 촉구하는 툰베리의 행동에 고무된 많은 사람이 그 뒤를 따르고 있다. 이처럼 개인적인 변화, 지지, 그리고 행동이 결합할 때 우리는 미래의 푸드시스템을 보다 건강하고 공평하고 지속가능하게 만들 수 있다.

현재 많은 저소득 국가가 혁신적인 작업을 추진하고 있다. 중저소득 국가의 젊은 지도자들이 푸드시스템뿐 아니라 그들의 국가가 어떻게 운영되어야 하는지에 대해서도 영향력을 발휘하고 있다. 지금과 같은 난국을 초래한 푸드시스템과 정치체제를 혁신하려는 젊은이들이 많다. 진정한 변화를 이끌 기회를 만들려면 이 젊은이들의 지성과 힘을 활용해야 한다. 동티모르에서 활동할 당시 만난 알바 림(Alva Lim)도 그런 청년이었다. 수도 딜리에 식당을 개업한 림은 일자리가 없던 청년 열다섯 명 정도를 고용해 동티모르의 전통적인 음식과 조리법, 세계 각국의 조리법, 현대적인 식당운영법을 가르쳤다. 림의 노력 덕분에 동티모르의 로컬푸드에 대한 소문이 퍼지면서 동티모르 사람들은 전통적인 음식문화에 긍지를 느끼는 동시에 새로운 음식문화도 접할 수 있게 되었다.

시민사회단체와 실천공동체들은 사람들의 인식을 높이고 기아에 맞서 싸우기 위해 시민 수준에서 그리고 힘을 모아 지역적·국제적 수준에서 결집하고, 지지하고, 계획에 착수하는 능력을 점점 더 많이 입증해왔다. 이들이 바로 정부의 변화를 촉구할 수 있는 기폭제다. 그들은 식품과 영양 분야에서도 중요한 역할을 수행한다. 정치적 과정과 정책 결정을 지원하고, 지속가능성 관련 사안을 공적 기관 차원에서 다루도록 촉구하고, 젊은이를 포함한 관련자들의 지속가능한 식단에 대한 인식을 깨우고 있다.

세계적으로 막중한 도전 앞에서 풀뿌리 차원의 지지 하나하나가 미치는 영향력은 미미하겠지만, 서로 다른 풀뿌리들의 행동이 모이면 건강과 환경 개선에 필요한 대대적인 변화를 이끌 수 있다. 정부와 산업은 시민들의 요구를 따르기 마련이고, 개인들의 신념이 변하면 정책과 생산, 식품환경도 바뀔 것이다. 대대적이고 지속적인 변화를 창출하려면 개인적인 노력과 시스템의 변화가 강력하게 연계되어야 한다. 시스템의 변화가 따라오지 않으면 개인의 노력은 힘을 잃고, 개인의 노력이 뒷받침되지 않으면 시스템의 변화는 효과를 상실한다.

그래서, 식단을 바꾸면 지구를 살릴 수 있을까?

세계 푸드시스템이 무너지는 재앙을 막으려면 긴급상황에서 모든 선원을 갑판으로 소집하는 것과 같은 총동원 접근법이 필요하다. 개인적으로 그리고 시스템 수준에서 모두 더욱 담대하게 나서야 한다. 세상은 빠르게 변하고 있다. 문제가 곪아 터질 때까지 기다릴 시간이 없다. 그 어떤 나라도 혼자서는 기후변화에 대처할 수 없다. 어떤 나라도 혼자서는 푸드시스템을 올바른 방향으로 이끌 수 없다. 푸드시스템은 세계 공통의 문제다. 흔히 말하듯, 우리는 한 배를 탄 사이다.

　이제 정부들이 결단을 내리고 위험에 맞설 때다. 어

떻게 푸드시스템과 식단을 개선해야 하는지, 어떻게 기
후변화에 적응하도록 도울지, 그리고 어떻게 기후변화의
완화를 추진할 것인지에 대한 근거는 이미 많이 제시되
어 있다. 이런 문제들을 동시에 해결하는 전략도 존재한
다. 하지만 이런 문제에 효과적으로 대처하려면 많은 이
들의 노력이 필요하다. 정부는 변화에 전념해 집중적으
로 투자해야 하고, 민간은 공중보건과 환경의 지속가능
성을 개선하기 위한 협력에 적극적으로 나서야 하며, 소
비자는 인식을 높이고, 젊은 혁신가는 기존의 혁신가들
과 함께 새로운 생각을 테이블로 가져올 수 있도록 지원
받아야 한다. 그리고 시민들은 전 세계의 협력과 선한 의
지를 북돋울 지도자에게 투표를 해야 한다.

　현재 전 세계적으로 엄청난 혁신이 진행되고 있지
만, 유엔 기구와 다자협력기구 그리고 각 정부는 21세
기 동안 더 민첩하게 움직여 탈선한 푸드시스템을 다시
정상 궤도에 책임지고 올려놓아야 한다. 국제개발의 개
념과 그것이 기능하는 방식은 이제 패러다임의 전환이
필요하다. 우리가 직면한 엄청난 도전에 대한 새로운
생각이 샘솟고 있지만, 그것이 유엔이나 세계은행에서
만 시작되는 것은 아니다. 현재 아무도 예측하지 못하

는 방식으로 기후변화를 완화하고 가난과 기아, 영양실조를 몰아내기 위해서는 다른 어떤 조직이 의제를 끌고 가야 한다.

2015년, 세계 지도자들이 유엔총회에서 지속가능발전목표(Sustainable Development Goals, SDGs)를 채택했다. 지속가능한 발전을 제시한 로드맵이었지만, 10대와 20대 청년들은 이것으로 충분할지 의문을 제기하고 있다. 그들에게는 기후와 세계 기아로 의제를 변경하고 추진전략을 재고할 의지와 기회가 있다. 이미 2019년 국제기후파업(Global Climate Strike)에 참가해,

"아이들은 괜찮지 않다(The kids are not all right)."

라고 외친 것처럼 우리의 다음 세대는 그냥 보고만 있지 않고 행동하겠다는 의지를 표명했다. '흑인의 목숨도 소중하다(Black Lives Matter, BLM)' 운동이 구조적이고 제도적이고 체계적인 인종차별과 불공평을 몰아내라고 요구하자 여러 도시의 정부가 그 요구에 귀를 기울이며 행동을 취하고 있다.

남아시아나 사하라 이남 아프리카 같은 지역들에는

흙 속에 묻힌 진주 같은 인재가 아주 많다. 이 지역에서 살아가며 일하는 청년들에게 세계 문제에 혁신적으로 대처할 책임이 있다. 왜냐하면 이런 지역들이 장차 지구에서 인구가 가장 많은 곳이 될 것이기 때문이다. 인간과 환경의 건강을 소중히 여기는 젊은 세대가 우리 세상을 새롭게 바꿀 것이다. 기후변화의 영향에 노출될 위험이 더 큰 이들도 젊은 세대다. 그들은 기후변화의 결과를 직접 목격하며 살게 될 것이다. 푸드시스템을 지키기 위한 젊은 세대의 투쟁에 우리가 모두 나서야 한다.

어느 나라건 고쳐야 할 문제가 있기 마련이다. 영양실조에서 자유로운 나라는 없다. 정도의 차이는 있겠지만 모든 나라가 기후변화로 고통을 겪을 것이다. 엄청난 도전 앞에서 주눅이 들 수도 있지만, 역사적으로 큰 역경을 극복한 사람과 국가가 많이 있고, 인류가 이룩한 기적적인 업적들은 투쟁에서 얻은 것이다. 우리가 함께 힘을 합치면 지구와 인간의 건강을 뒷받침하도록 푸드시스템을 바로잡을 수 있으며 공정과 사회정의를 무엇보다 중시하는 더 나은 세상이 반드시 올 것이라고 믿는다. 불안한 예감을 느낀 청년들이 지금 최전선 곳곳에서 선봉에 나서고 있다. 지켜보며 문제가 무엇인지 이야기할 뿐 아니라 조직을 결성해 행동하고 있다. 내가 지구의 미래를 희망적으로 바라보는 것은 바로 이런 청년들이 있기 때문이다.

대단히 훌륭한 동료와 박사 후 연구원, 대학생, 팀원들이 없었다면 이 책은 출간될 수 없었을 것이다. 이 책에서 중요하게 다룬 많은 연구작업이 모두 이분들의 업적이다. 마이클 블룸버그와 존스홉킨스대학교 연구소, 고등국제학대학원과 블룸버그공중보건대학 국제건강학과, 버먼생명윤리연구소의 동료들도 이 책이 출간되기까지 큰 도움을 주었다.

원고를 읽고 유익한 조언을 준 매슈 R. 매캐덤(Matthew R. McAdam)과 로빈 크루즈(Robin Cruise), 코로나19가 유행하는 가운데 수많은 푸드시스템 강의를 듣고 화상회의를 거쳐 정곡을 찌르는 편집 솜씨를 보여준 애나

말리스 버가드(Anna Marlis Burgard)에게 감사한다. 설익은 초고를 검토하느라 진땀을 흘린 세라 올슨(Sarah Olson)과 스티브 올슨(Steve Olson)에게도 정말로 감사하다는 인사를 전하고 싶다.

멘토가 열 분만 있어도 대단한 행운일 텐데 나에게는 멘토가 수없이 많다. 일레인 갤런과 소니아 삭스(Sonia Sachs), 리처드 데켈바움(Richard Deckelbaum), 글렌 데닝, 셰릴 팜, 페드로 산체스, C. J. 존스(C. J. Jones), 에밀 프리슨(Emile Frison), 파블로 에이자기레(Pablo Eyzaguirre), 안나 라테이(Anna Lartey), 비욘 융크비스트(Bjorn Ljunqvist), 마틴 블룸(Martin Bloem), 루스 페이든(Ruth Faden), 제프 칸(Jeff Kahn), 로런스 하다드 등 지금까지 내 인생의 이정표가 되어준 많은 분께 감사한다. 로셸린 르망, 쇼나 다운스, 장소영, 귄 커크브라이드(Gwyn Kirkbride), 레슬리 엥겔(Leslie Engel), 마크 매코믹(Mark McCormick), 스웨타 마노하르, 코리나 호크스(Corinna Hawkes), 엘리자베스 폭스(Elizabeth Fox), 리베카 맥라렌(Rebecca McLaren), 클레어 데이비스(Claire Davis), 퀸 마셜(Quinn Marshall), 애나 허포스(Anna Herforth), 아흐메드 라자(Ahmed Raza), 앤 반힐(Anne Barnhill), 크리스 베네(Chris Bene), 파브리스 드클레르크, 지난 수년간 뉴욕과 아프리카에서 함께 땀 흘린 밀레니엄 빌리지 프로젝트 (Millennium Villages Project) 팀원들도 감사하다. 우리의 일이 하루하루 의미를 더하는 것이 모두 여러분의 협력과 우정 덕분이다.

나를 아낌없이 사랑하고 지원하는 부모님과 동생 킴은 내게 언제나 큰 힘을 준다. 일일이 이름을 밝히지 못한 수많은 친구와 동료, 과학자에게 큰 빚을 졌다. 특히 내 소중한 반쪽이자 매사에 훌륭한 협력자인 데릭에게 감사한다.

농부들과 그 가족, 현장에서 땀 흘리는 보건 관계자들을 비롯해 전 세계 많은 사람이 연구에 참여해 풀뿌리 지혜를 나눠주지 않았으면 이 책은 세상에 나올 수 없었을 것이다. 끝으로 영양실조와 소외의 결과에 대처하고 장애물이 무엇인지 더 잘 이해할 수 있도록 이야기를 들려준 많은 분께 머리 숙여 감사 인사를 전한다.

들어가는 글: 바나나를 못 먹게 될 것이다

1   사이먼 L. 루이스(Simon L. Lewis)와 마크 A. 매슬린(Mark A. Maslin)의
〈Defining the Anthropocene〉(2015년 〈Nature〉 519권 7542호 p.171~180)

2   앨릭스 드 월(Alex de Waal)의 《Mass Starvation: The History and Future of
Famine》(2017년 John Wiley & Sons 출간)

3   데릭 비얼리(Derek Byerlee)와 제시카 판조(Jessica Fanzo)의 〈The SDG of
Zero Hunger 75 Years On: Turning Full Circle on Agriculture and Nutrition〉
(2019년 6월 〈Global Food Security〉 21권 p.52~59)

4   유엔식량농업기구 등의 《The State of Food Security and Nutrition in the
World 2020: Transforming Food Systems for Affordable Healthy Diets》(2020
년 유엔식량농업기구 발표)

5   유엔식량농업기구 등의 《The State of Food Security and Nutrition in the
World 2020: Transforming Food Systems for Affordable Healthy Diets》(2020
년 유엔식량농업기구 발표)

6   오브 회그-굴드버그(Ove Hoegh-Guldberg) 등의 〈2018 Impacts of 1.5℃
Global Warming on Natural and Human Systems〉(2019년 세계기상기구
가 발표한 발레리 마송-델모트(Valérie Masson-Delmotte) 등 편집의 《Global
Warming of 1.5 Degrees C: An IPCC Special Report on the Impacts of
Global Warming of 1.5 Degrees C above Pre-industrial Levels and Related
Global Greenhouse Gas Emission Pathways, in the Context of Strengthening
the Global Response to the Threat of Climate Change, Sustainable
Development, and Efforts to Eradicate Poverty》에 수록)

1장. 우리가 먹는 것이 우리인가, 우리가 그저 삼키는 것이 우리인가?

1   제시카 판조(Jessica Fanzo)와 리베카 맥라렌(Rebecca McLaren)의 〈Poor
Countries Can't Live on Rice Alone〉(2017년 〈Bloomberg Opinion〉 게시,
https://www.bloomberg.com/opinion/articles/2017-06-12/poor-countries-

can-t-live-on-rice-alone)

2　주앙 보아비다(João Boavida)와 인터뷰한 내용

3　2017년 세계질병부담연구 식단연구팀의 〈Health Effects of Dietary Risks in 195 Countries, 1990 – 2017: A Systematic Analysis for the Global Burden of Disease Study 2017〉(2019년 〈The Lancet〉 393권 10184호 p.1958~1972)

4　2017년 세계질병부담연구 식단연구팀의 〈Health Effects of Dietary Risks in 195 Countries, 1990 – 2017: A Systematic Analysis for the Global Burden of Disease Study 2017〉(2019년 〈The Lancet〉 393권 10184호 p.1958~1972)

5　아시칸 아프신(Ashkan Afshın)과 인터뷰한 내용

6　에녹 무신구지(Enock Musinguzi)와 인터뷰한 내용

7　샤오화 첸(Shaohua Chen)과 마틴 러밸리온(Martin Ravallion)의 〈The Developing World Is Poorer Than We Thought, but No Less Successful in the Fight against Poverty〉(2010년 〈Quarterly Journal of Economics〉 125권 p.1577~1625)

8　앨리샤 콜먼-젠슨(Alisha Coleman-Jensen) 외 《Household Food Security in the United States in 2018》(2019년 미국 농무부 경제조사국 발표)

9　리핑 판(Liping Pan) 외 〈Food Insecurity Is Associated with Obesity among Adults in 12 States〉(2012년 〈Journal of the Academy of Nutrition and Dietetics〉 112권 9호 p.1403~1409)

10　로런 E. 오(Lauren E. Au) 외 〈Household Food Insecurity Is Associated with Higher Adiposity among US Schoolchildren Ages 10 – 15 Years: The Healthy Communities Study〉(2019년 〈Journal of Nutrition〉 149권 9호 p.1642~1650)

11　에드워드 A. 프론질로(Edward A. Frongillo)와 제니퍼 버널(Jennifer Bernal)의 〈Understanding the Coexistence of Food Insecurity and Obesity〉(2014년 〈Current Pediatrics Reports〉 2권 4호 p.284~290)

12　막스 로저(Max Roser)와 해나 리치(Hannah Ritchie)의 〈Food Supply〉(2013년 〈Our World in Data〉 게시, https://ourworldindata.org/food-supply)

13　2017년 세계질병부담연구 식단연구팀의 〈Health Effects of Dietary Risks in 195 Countries, 1990 – 2017: A Systematic Analysis for the Global Burden of Disease Study 2017〉(2019년 〈The Lancet〉 393권 10184호 p.1958~1972)

14 2018년 〈Global Nutrition Report〉

15 해나 리치(Hannah Ritchie)의 〈Meat Consumption Tends to Rise as We Get Richer〉(2017년 〈Our World in Data〉가 발표한 〈Meat and Dairy Production〉에 인용. https://ourworldindata.org/meat-production#meat-consumption-tends-to-rise-as-we-get-richer)

16 세라 E. 클라크(Sarah E. Clark) 외 〈Exporting Obesity: US Farm and Trade Policy and the Transformation of the Mexican Consumer Food Environment〉(2012년 〈International Journal of Occupational and Environmental Health〉 18권 1호 p.53~64)

17 유엔아동기금과 세계보건기구의 《Progress on Household Drinking Water, Sanitation, and Hygiene 2000 – 2017, Special Focus on Inequalities》(2019년 유엔아동기금과 세계보건기구 발표)

18 유엔아동기금과 세계보건기구, 국제부흥개발은행의 《Levels and Trends in Child Malnutrition: Key Findings of the 2018 Edition of the Joint Child Malnutrition Estimates》(2019년 세계보건기구 발표)

19 리아 C. 퍼널드(Lia C. Fernald)와 리넷 M. 뉴펠드(Lynnette M. Neufeld)의 〈Overweight with Concurrent Stunting in Very Young Children from Rural Mexico: Prevalence and Associated Factors〉(2006년 〈European Journal of Clinical Nutrition〉 61권 5호 p.623~632)

20 크리스 힐브러너(Chris Hillbruner)와 리베카 이건(Rebecca Egan)의 〈Seasonality, Household Food Security, and Nutritional Status in Dinajpur, Bangladesh〉(2008년 〈Food and Nutrition Bulletin〉 29권 3호 p.221~231)

21 로버트 E. 블랙(Robert E. Black) 외 〈Maternal and Child Undernutrition and Overweight in Low-Income and Middle Income Countries〉(2013년 〈The Lancet〉 382권 9890호 p.427~451)

22 린지 앨런(Lindsay Allen)과 스튜어트 R. 길레스피(Stuart R. Gillespie)의 《What Works? A Review of the Efficacy and Effectiveness of Nutrition Interventions》(2001년 유엔조정위원회 영양분과위원회와 아시아개발은행 발표)

23 스웨타 마노하르(Swetha Manohar)와 인터뷰한 내용

24 마리 응(Marie Ng) 외 〈Global, Regional, and National Prevalence of

Overweight and Obesity in Children and Adults during 1980 – 2013: A Systematic Analysis for the Global Burden of Disease Study 2013〉(2014년 〈The Lancet〉 384권 9945호 p.766~781)

25 NCD-RisC의 〈Worldwide Trends in Diabetes since 1980: A Pooled Analysis of 751 Population Based Studies with 4.4 Million Participants〉(2016년 〈The Lancet〉 387권 10027호 p.1513~1530)

26 막시밀리안 트레멜(Maximillian Tremmel) 외 〈Economic Burden of Obesity: A Systematic Literature Review〉(2017년 〈International Journal of Environmental Research and Public Health〉 14권 4호 p.435)

27 로라 미셸 콕스(Laura Michelle Cox)와 마틴 J. 블레이저(Martin J. Blaser)의 〈Pathways to Microbe-Induced Obesity〉(2013년 〈Cell Metabolism〉 17권 6호 p.883~894)

28 쇼나 M. 다운스(Shauna M. Downs) 외 〈The Interface between Consumers and Their Food Environment in Myanmar: An Exploratory Mixed-Methods Study〉(2019년 〈Public Health Nutrition〉 22권 6호 p.1075~1088)

29 배리 M. 폽킨(Barry M. Popkin)과 카밀라 코발란(Camila Corvalan), 로런스 M. 그러머-스트론(Laurence M. Grummer-Strawn)의 〈Dynamics of the Double Burden of Malnutrition and the Changing Nutrition Reality〉(2020년 〈The Lancet〉 395권 10217호 p.65~74)

30 마이크로뉴트리언트 이니셔티브의 《Investing in the Future—a United Call to Action on Vitamin and Mineral Deficiencies: Global Report 2009》(2009년 유나이티드콜투액션 발표)

31 세계보건기구의 《The Global Prevalence of Anemia in 2011》(2015년 세계보건기구 발표)

32 디벨롭먼트 이니셔티브의 《2018 Global Nutrition Report: Shining a Light to Spur Action on Malnutrition》(2018년 디벨롭먼트 이니셔티브 발표)

33 보이드 A. 스윈번(Boyd A. Swinburn) 외 〈The Global Syndemic of Obesity, Undernutrition, and Climate Change: The Lancet Commission Report〉(2019년 〈The Lancet〉 393권 10173호 p.791~846)

2장. 캄보디아에서 카레를 요리하면 텍사스에서 토네이도가 발생할까?

1   기후변화에 관한 정부간협의체의 《The Fifth Assessment Report of the IPCC: Synthesis Report》(2014년 기후변화에 관한 정부간협의체 발표)

2   윌리엄 J. 리플(William J. Ripple) 외 〈World Scientists' Warning of a Climate Emergency〉(2020년 〈BioScience〉 70권 1호 p.8~12)

3   콜린 K. 코리(Colin K. Khoury) 외 〈Increasing Homogeneity in Global Food Supplies and the Implications for Food Security〉(2014년 〈Proceedings of the National Academy of Sciences〉 111권 11호 p.4001~4006)

4   콜린 K. 코리(Colin K. Khoury)와 인터뷰한 내용

5   크리스토퍼 B. 다모르(Christopher B. d'Amour) 외 〈Future Urban Land Expansion and Implications for Global Croplands〉(2017년 〈Proceedings of the National Academy of Sciences〉 114권 34호 p.8939~8944)

6   디팩 레이(Deepak Ray) 외 〈Recent Patterns of Crop Yield Growth and Stagnation〉(2012년 〈Nature Communications〉 3권 1호 p.1~7)

7   오브 회그-굴드버그(Ove Heogh-Guldberg) 외 〈2018 Impacts of 1.5℃ Global Warming on Natural and Human Systems〉(2019년 세계기상기구가 발표한 발레리 마송-델모트(Valérie Masson-Delmotte) 외 편집의 《Global Warming of 1.5 degrees C: An IPCC Special Report on the Impacts of Global Warming of 1.5 Degrees C above Pre-industrial Levels and Related Global Greenhouse Gas Emission Pathways, in the Context of Strengthening the Global Response to the Threat of Climate Change, Sustainable Development, and Efforts to Eradicate Poverty》에 수록)

8   프란치스카 가우프(Franziska Gaupp) 외 〈Changing Risks of Simultaneous Global Breadbasket Failure〉(2020년 〈Nature Climate Change〉 10권 1호 p.54~57)

9   요한 록스트룀(Johan Rockström)과 인터뷰한 내용

10 프란치스카 가우프(Franziska Gaupp) 외 〈Changing Risks of Simultaneous Global Breadbasket Failure〉(2020년 〈Nature Climate Change〉 10권 1호 p.54~57)

11 데이비드 틸먼(David Tilman)과 마이클 클라크(Michael Clark)의 〈Global Diets Link Environmental Sustainability and Human Health〉(2014년

〈Nature〉 515권 p.518~522)

12 제시카 판조(Jessica Fanzo) 외 〈The Effect of Climate Change across Food Systems: Implications for Nutrition Outcomes〉(2018년 〈Global Food Security〉 18권 p.12~19)

13 칼 그루버(Karl Gruber)의 〈Agrobiodiversity: The Living Library〉(2017년 〈Nature〉 544권 7651호 p.S8~S10)

14 루이지 과리노(Luigi Guarino)의 〈How Many Rice Varieties Are There in India?〉(2020년 3월 11일 〈Agricultural Biodiversity Weblog〉 게시, https://agro.biodiver.se/2020/03/how-many-rice-varieties-are-there-in-india/)

15 콜린 K. 코리(Colin K. Khoury) 외 〈Increasing Homogeneity in Global Food Supplies and the Implications for Food Security〉(2014년 〈Proceedings of the National Academy of Sciences〉 111권 11호 p.4001~4006)

16 마리오 헤레로(Mario Herrero) 외 〈Farming and the Geography of Nutrient Production for Human Use: A Transdisciplinary Analysis〉(2017년 〈Lancet Planetary Health〉 1권 1호 p.e33~e42)

17 페드로 A. 산체스(Pedro A. Sanchez) 외 《Halving Hunger: It Can Be Done》(2005년 컬럼비아대학교 지구연구소가 발표한 기아태스크포스 보고서 요약본)

18 매슈 라이언 스미스(Matthew Ryan Smith) 외 〈Effects of Decreases of Animal Pollinators on Human Nutrition and Global Health: A Modeling Analysis〉(2015년 〈The Lancet〉 386권 10007호 p.1964~1972)

19 유엔사막화방지협약의 〈Threats to Soils: Global Trends and Perspectives. A contribution from the Intergovernmental Technical Panel on Soils, Global Soil Partnership Food and Agriculture Organization of the United Nations〉(2017년 유엔사막화방지협약 발표)

20 유엔식량농업기구의 《Water and Food: The Post 2015 Water Thematic Consultation—Water Resources Management Stream Framing Paper》(2013년 유엔식량농업기구 발표)

21 유엔식량농업기구의 《Climate Change and Food Security: Risks and Responses》(2016년 유엔식량농업기구 발표)

22 크리스티나 C. 힉스(Christina C. Hicks) 외 〈Harnessing Global Fisheries to

Tackle Micronutrient Deficiencies〉(2019년 〈Nature〉 574권 p.95~98)

23 윌리엄 청(William Cheung) 외 〈Large-Scale Redistribution of Maximum Fisheries Catch Potential in the Global Ocean under Climate Change〉(2010년 〈Global Change Biology〉 16권 1호 p.24~35)

24 전미과학공학의학한림원의 《Genetically Engineered Crops: Experiences and Prospects》(2016년 National Academies Press 출간)

25 빌헬름 클륌퍼(Wilhelm Klümper)와 마틴 카임(Matin Qaim)의 〈A Meta-analysis of the Impacts of Genetically Modified Crops〉(2014년 11월 3일 〈PLOS ONE〉 게시)

26 그레이엄 브룩스(Graham Brookes)와 피터 바풋(Peter Barfoot)의 〈Farm Income and Production Impacts of Using GM Crop Technology 1996-2016〉(2018년 〈GM Crops & Food: Biotechnology in Agriculture and the Food Chain〉 9권 2호)

27 에드워드 D. 페리(Edward D. Perry) 외 〈Genetically Engineered Crops and Pesticide Use in US Maize and Soybeans〉(2016년 〈Science Advances〉 2권 8호: e1600850)

28 리디안 P. 아고스티니(Lidiane P. Agostini) 외 〈Effects of Glyphosate Exposure on Human Health: Insights from Epidemiological and In Vitro Studies〉(2020년 〈Science of the Total Environment〉 705권: 135808)

29 하우디 부이스(Howdy Bouis)와 인터뷰한 내용

30 루스 S. 디프리스(Ruth S. DeFries) 외 〈Synergies and Trade-Offs for Sustainable Agriculture: Nutritional Yields and Climate-Resilience for Cereal Crops in Central India〉(2016년 〈Global Food Security〉 11권 p.44~53)

31 글렌 데닝(Glenn Denning)과 제시카 판조(Jessica Fanzo)의 〈Ten Forces Shaping the Global Food System〉(2016년 Karger에서 출간한 클라우스 크레머(Klaus Kraemer) 등 편집의 《Good Nutrition: Perspectives for the 2st Century》 1.1장 p.19~30); 마크 F. 벨메어(Marc F. Bellemare)와 요하나 파야르도-곤잘레스(Johanna Fajardo-Gonzalez), 세스 R. 기터(Seth R. Gitter)의 〈Foods and Fads: The Welfare Impacts of Rising Quinoa Prices in Peru〉(2018년 〈World Development〉 112권 p.163~179)

32 제니 구스타프슨(Jenny Gustavsson) 외 《Global Food Losses and Food

Waste—Extent, Causes, and Prevention》(2011년 유엔식량농업기구 발표)

33 매들린 K. 올브라이트(Madeleine K. Albright)의 〈The Moral Imperatives of Food Security〉(2015년 5/6월 〈Aspen Journal of Ideas〉 게시, http://aspen.us/journal/editions/mayjune-2015/moral-imperatives-food-security)

3장. 마구잡이로 먹을 권리가 있나?

1 태라 가넷(Tara Garnett)의 〈Three Perspectives on Sustainable Food Security: Efficiency, Demand Restraint, Food System Transformation: What Role for Life Cycle Assessment?〉(2014년 〈Journal of Cleaner Production〉 73권 p.1~9)

2 데릭 D. 헤디(Derek D. Headey)와 해럴드 H. 앨더먼(Harold H. Alderman)의 〈The Relative Caloric Prices of Healthy and Unhealthy Foods Differ Systematically across Income Levels and Continents〉(2019년 〈Journal of Nutrition〉 149권 11호 p.2020~2033)

3 유엔식량농업기구 외 《The State of Food Security and Nutrition in the World 2020: Transforming Food Systems for Affordable Healthy Diets》(2020년 유엔식량농업기구 발표)

4 식량안보 및 영양 고위급전문가단의 《Nutrition and Food Systems: A Report by the High Level Panel of Experts on Food Security and Nutrition of the Committee on World Food Security》(2017년 식량안보 및 영양 고위급전문가단 발표)

5 조지프 스티글리츠(Joseph Stiglitz)와 앤드루 찰턴(Andrew Charlton)의 《Fair Trade for All: How Trade Can Promote Development》(2005년 Oxford University Press 출간)

6 스티븐 데버루(Stephen Devereux)의 〈Seasonality and Social Protection in Africa〉(2009년 미래농업 연구보고서)

7 유엔식량농업기구 외 《The State of Food Security and Nutrition in the World 2018: Building Climate Resilience for Food Security and Nutrition》(2018년 유엔식량농업기구 발표)

8 유엔식량농업기구 외 《The State of Food Security and Nutrition in the World 2017: Building Resilience for Peace and Food Security》(2017년 유엔식량농업기구 발표)

9 예멘에 대한 저명한 국제 및 지역 전문가 그룹의 〈Yemen: Collective Failure, Collective Responsibility〉(2019년 유엔이 발표한 전문가 보고서, https://www.ohchr.org/EN/HRBodies/HRC/YemenGEE/Pages/Index.aspx)

10 이모건 칼더우드(Imogen Calderwood)의 〈The Destruction of This One Port Could Cause Devastation for Yemen's Already Starving People〉(2018년 5월 31일 〈Global Citizen〉 게시, https://www.globalcitizen.org/en/content/yemen-hodeidah-port-battle-famine-displacement/)

11 앨리슨 오브리(Allison Aubrey)의 〈Dollar Stores and Food Deserts〉(2019년 12월 8일 〈Sunday Morning〉 게시, https://www.cbsnews.com/news/dollar-stores-and-food-deserts-the-latest-struggle-between-main-street-and-corporate-america/)

12 크리스틴 쿡시-스토어스(Kristen Cooksey-Stowers)와 말린 B. 슈워츠(Marlene B. Schwartz), 켈리 D. 브라우닐(Kelly D. Brownell)의 〈Food Swamps Predict Obesity Rates Better Than Food Deserts in the United States〉(2017년 〈International Journal of Environmental Research and Public Health〉 14권 11호)

13 카를로스 A. 몬테이로(Carlos A. Monteiro)와 제프리 캐넌(Geoffrey Cannon)의 〈The Impact of Transnational 'Big Food' Companies on the South: A View from Brazil〉(2012년 〈PLOS Medicine〉 9권 7호: e1001252)

14 매리언 네슬(Marion Nestle)과 인터뷰한 내용

15 조지프 푸어(Joseph Poore)와 토마스 네메세크(Thomas Nemecek)의 〈Reducing Food's Environmental Impacts through Producers and Consumers〉(2018년 〈Science〉 360권 6392호 p.987~992)

16 아데그볼라 T. 아데소간(Adegbola T. Adesogan) 외 〈Animal Source Foods: Sustainability Problem or Malnutrition and Sustainability Solution? Perspective Matters〉(2019년 〈Global Food Security〉 25권: 100325)

17 폴 윌킨슨(Paul Wilkinson) 외 〈Public Health Benefits of Strategies to Reduce Greenhouse-Gas Emissions: Household Energy〉(2009년 〈The Lancet〉 374권 9705호 p.1917~1929)

18 재닛 랭거너선(Janet Ranganathan) 외 〈Shifting Diets for a Sustainable Food Future〉(2016년 세계자원연구소가 발표한 조사 보고서 〈Creating a

Sustainable Food Future〉11호, http://www.worldresourcesreport.org)

19 재닛 랭거너선(Janet Ranganathan) 외 〈Shifting Diets for a Sustainable Food Future〉

20 앤 모테트(Anne Mottet)와 주세페 템피오(Giuseppe Tempio)의 〈Global Poultry Production: Current State and Future Outlook and Challenges〉(2017년 〈World's Poultry Science Journal〉 73권 2호 p.245~256)

21 버논 H. 헤이우드(Vernon H. Heywood)의 〈Overview of Agricultural Biodiversity and Its Contribution to Nutrition and Health〉(2013년 Earthscan/Routledge에서 출판한 제시카 판조(Jessica Fanzo) 등 편집의 《Diversifying Food and Diets: Using Agricultural Biodiversity to Improve Nutrition and Health》에 수록); 유엔식량농업기구의 《The State of the World's Animal Genetic Resources for Food and Agriculture》(2007년 유엔식량농업기구 발표)

22 조너선 A. 폴리(Jonathan A. Foley) 외 〈Solutions for a Cultivated Planet〉(2011년 〈Nature〉 478권 p.337~342)

23 유엔식량농업기구의 《Climate Change and Food Security》

24 유목민 여성과 인터뷰한 내용

25 엘리자베스 L. 폭스(Elizabeth L. Fox)와 제시카 판조(Jessica Fanzo)의 〈The Case of Pastoralism in Northern Kenya: Food, Water, Land and Livelihoods〉(2017년 아르헨티나 부에노스아이레스에서 개최한 국제영양학연맹 제22차 국제영양학회 발표)

26 목장주와 인터뷰한 내용

27 근로자와 인터뷰한 내용

28 앤 모테트(Anne Mottet) 외 〈Climate Change Mitigation and Productivity Gains in Livestock Supply Chains: Insights from Regional Case Studies〉(2017년 〈Regional Environmental Change〉 17권 1호 p.129~141)

29 유엔식량농업기구의 《The State of Food and Agriculture: Climate Change, Agriculture and Food Security》(2016년 유엔식량농업기구 발표)

30 유엔식량농업기구의 《The State of Food and Agriculture: Women in Agriculture: Closing the Gender Gap for Development》(2011년 유엔식량농업기구 발표)

31 콜렛 오언스(Collette Owens)와 저스틴 댄디(Justine Dandy), 피터 행콕 (Peter Hancock)의 〈Perceptions of Pregnancy Experiences When Using a Community-Based Antenatal Service: A Qualitative Study of Refugee and Migrant Women in Perth, Western Australia〉(2016년 〈Women and Birth〉 29 권 2호 p.128~137)

32 리사 C. 스미스(Lisa C. Smith) 외 《The Importance of Women's Status for Child Nutrition in Developing Countries》(2003년 국제식량정책연구소 발표)

33 코리나 호크스(Corinna Hawkes)와 마리 T. 루엘(Marie T. Ruel)의 《From Agriculture to Nutrition: Pathways, Synergies, and Outcomes》(2008년 세계 은행이 발표한 〈World Bank Other Operational Studies〉 9511호)

4장. 더 나은 정책이 더 나은 식품을 만들까?

1 다리우시 모자파리안(Dariush Mozaffarian) 외 〈Role of Government Policy in Nutrition—Barriers to and Opportunities for Healthier Eating〉(2018년 〈BMJ〉 361: k2426)

2 파비즈 쿠하프칸(Parviz Koohafkan)과 미구엘 A. 알티에리(Miguel A. Altieri) 의 《Globally Important Agricultural Heritage Systems: A Legacy for the Future》(2011년 유엔식량농업기구 발표)

3 로이스 엥글버거(Lois Englberger)의 《Let's Go Local: Guidelines Promoting Pacific Island Foods》(2011년 유엔식량농업기구 발표)

4 유엔식량농업기구와 세계중요농업유산의 〈Globally Important Agriculture Heritage Systems〉(www.fao.org/giahs/en)

5 제시카 판조(Jessica Fanzo) 외 〈Integration of Nutrition into Extension and Advisory Services: A Synthesis of Experiences, Lessons, and Recommendations〉(2015년 〈Food and Nutrition Bulletin〉 36권 2호 p.120~137)

6 글렌 데닝(Glenn Denning)과 인터뷰한 내용

7 로런스 클럭스(Laurens Klerkx)와 데이비드 로즈(David Rose)의 〈Dealing with the Game-Changing Technologies of Agriculture 4.0: How Do We Manage Diversity and Responsibility in Food System Transition Pathways?〉 (2020년 〈Global Food Security〉 24권: 100347)

8 에밀리 S. 캐시디(Emily S. Cassidy) 외 〈Redefining Agricultural Yields: From Tonnes to People Nourished per Hectare〉(2013년 〈Environmental Research Letters〉 8권 3호: 034015)

9 레이철 베즈너 커(Rachel Bezner Kerr)와 피터 R. 버티(Peter R. Berti), 리지 슘바(Lizzie Shumba)의 〈Effects of a Participatory Agriculture and Nutrition Education Project on Child Growth in Northern Malawi〉(2011년 〈Public Health Nutrition〉 14권 8호 p.1466~1472)

10 파브리스 A. 드클레르크(Fabrice A. DeClerck) 외 〈Ecological Approaches to Human Nutrition〉(2011년 〈Food and Nutrition Bulletin〉 32권 증보 1호 p.S41~S50)

11 유엔식량농업기구와 국제지역사회개발연구소, 세계어류센터의 《Integrated Agriculture-Aquaculture: A Primer》(2001년 유엔식량농업기구 발표)

12 앤드루 마틴(Andrew Martin)과 킴 세버슨(Kim Severson)의 〈Sticker Shock in the Organic Aisles〉(2008년 4월 18일 〈New York Times〉 게재)

13 미국 농무부 식품영양국의 〈Comparison of SNAP Authorized Farmers and Markets FY2012 and FY2017〉(https://fns-prod.azureedge.net/sites/default/files/snap/SNAP-Farmers-Markets-Redemptions.pdf)

14 롤런드 스텀(Roland Sturm) 외 〈A Cash-Back Rebate Program for Healthy Food Purchases in South Africa: Results from Scanner Data〉(2013년 〈American Journal of Preventive Medicine〉 44권 6호 p.567~572)

15 리처드 H. 탈러(Richard H. Thaler)와 캐스 R. 선스타인(Cass R. Sunstein)의 《Nudge: Improving Decisions about Health, Wealth, and Happiness》(2009년 Penguin 출판)

16 월터 윌렛(Walter Willett) 외 〈Our Food in the Anthropocene: The EAT-Lancet Commission on Healthy Diets from Sustainable Food Systems〉(2019년 〈The Lancet〉 393권 10170호 p.447~492)

17 월터 윌렛(Walter Willett) 외 〈Our Food in the Anthropocene: The EAT-Lancet Commission on Healthy Diets from Sustainable Food Systems〉(2019년 〈The Lancet〉 p.1~47)

18 칼레 히르보넨(Kalle Hirvonen) 외 〈Affordability of the EAT-Lancet Reference Diet: A Global Analysis〉(2020년 〈Lancet Global Health〉 8권 1호

p.eE59~eE66)

19 미레야 발데베니토 베르두고(Mireya Valdebenito Verdugo) 외 〈Informe de resultados: descripcion de las percepciones y actitudes de los/as consumidores respect a las medidas estatales en el marco de la implementacion del Decreto 13/15〉(2017년 Licitacion ID: 757-98-LQ16)

20 린지 S. 테일리(Lindsey S. Taillie)의 〈An Evaluation of Chile's Law of Food Labeling and Advertising on Sugar-Sweetened Beverage Purchases from 2015 to 2017: A Before-and-After Study〉(〈PLOS Medicine〉 17권 2호: e1003015)

21 리카르도 우아위(Ricardo Uauy)와 인터뷰한 내용

22 크리스토퍼 T. 버트(Christopher T. Birt) 외 〈Healthy and Sustainable Diets for European Countries〉(2017년 유럽공중보건협회 보고서)

23 마코 스프링먼(Marco Springmann) 외 〈The Healthiness and Sustainability of National and Global Food Based Dietary Guidelines: Modelling Study〉(2020년 〈BMJ〉 370)

24 미국 농무부의 〈2015 Dietary Guidelines: Giving You the Tools You Need to Make Healthy Choices〉(https://www.usda.gov/media/blog/2015/10/06/2015-dietary-guidelines-giving-you-tools-you-need-make-healthy-choices); 《13th DGE-Nutrition Report: 2016 Summary》(2016년 독일영양협회 발표)

25 셀레나 아흐메드(Selena Ahmed)와 쇼나 다운스(Shauna Downs), 제시카 판조(Jessica Fanzo)의 〈Advancing an Integrative Framework to Evaluate Sustainability in National Dietary Guidelines〉(2019년 〈Frontier in Sustainable Food Systems〉 3권 76호: 10-3389)

26 2018년 브라질 보건부가 발표한 《Dietary Guidelines for the Brazilian Population》(http://bvsms.saude.gov.br/bvs/publicacoes/dietary_guidelines_brazilian_population.pdf)

27 앤 M. 토(Anne M. Thow) 외 〈Fiscal Policy to Improve Diets and Prevent Noncommunicable Diseases: From Recommendations to Action〉(2018년 〈Bulletin of the World Health Organization〉 96권 3호 p.201); 아시칸 아프신(Ashkan Afshin) 외 〈The Prospective Impact of Food Pricing on Improving Dietary Consumption: A Systematic Review and Meta-analysis〉(2017년

〈PLOS ONE〉 12권 3호)

28 M. 아란차 콜체로(M. Arantxa Colchero) 외 〈In Mexico, Evidence of Sustained Consumer Response Two Years after Implementing a Sugar-Sweetened Beverage Tax〉(2017년 〈Health Affairs〉 36권 3호 p.564~571)

29 스티븐 A. 우드(Stephen A. Wood) 외 〈Trade and the Equitability of Global Food Nutrient Distribution〉(2018년 〈Nature Sustainability〉 1권 1호 p.34~37)

30 로런스 하다드(Lawrence Haddad)와 인터뷰한 내용

31 2016년 국제식량정책연구소가 발표한 《Global Nutrition Report 2016: From Promise to Impact: Ending Malnutrition by 2030》

32 레이철 뉴전트(Rachel Nugent)와 앤드리아 B. 피글(Andrea B. Fiegl)의 《Where Have All the Donors Gone? Scarce Donor Funding for Non-communicable Diseases》(2010년 글로벌개발센터 발표)

33 미라 세카(Meera Shekar) 외 《An Investment Framework for Nutrition: Reaching the Global Targets for Stunting, Anemia, Breastfeeding and Wasting》(2016년 세계은행 발표)

34 미라 세카(Meera Shekar) 외 《An Investment Framework for Nutrition: Reaching the Global Targets for Stunting, Anemia, Breastfeeding and Wasting》(2016년 세계은행 발표)

35 바르샤 비제이(Varsha Vijay) 외 〈The Impacts of Oil Palm on Recent Deforestation and Biodiversity Loss〉(2016년 〈PLOS ONE〉 11권 7호: e0159668)

36 쇼나 다운스(Shauna Downs)와 인터뷰한 내용

37 쇼나 M. 다운스(Shauna M. Downs)와 제시카 판조(Jessica Fanzo)의 〈Is a Cardio-protective Diet Sustainable? A Review of the Synergies and Tensions between Foods That Promote the Health of the Heart and the Planet〉(2015년 〈Current Nutrition Reports〉 4권 4호 p.313~322); 데이비 반햄(Davy Vanham)과 메스핀 M. 메코넨(Mesfin M. Mekonnen), 아르연 Y. 훅스트라(Arjen Y. Hoekstra)의 〈Treenuts and Groundnuts in the EAT-Lancet Reference Diet: Concerns regarding Sustainable Water Use〉(2020년 〈Global Food Security〉 24권: 100357)

5장. 꿀벌 한 마리가 벌집을 살릴 수 있을까?

1 2019년 유엔식량농업기구와 세계보건기구가 발표한 《Sustainable Healthy Diets—Guiding Principles》

2 스티븐 E. 클룬(Stephen E. Clune)과 엔다 크로신(Enda Crossin), 칼리 버기즈(Karli Verghese)의 〈Systematic Review of Greenhouse Gas Emissions for Different Fresh Food Categories〉(2017년 〈Journal of Cleaner Production〉 140권 2호 p.766~783)

3 캐리 해머슐래그(Kari Hamershlag)의 《Meat Eater's Guide to Climate Change and Health》(2011년 환경워킹그룹 발표); 조지프 푸어(Joseph Poore)와 토마스 네메세크(Thomas Nemecek)의 〈Reducing Food's Environmental Impacts through Producers and Consumers〉(2018년 〈Science〉 360권 6392호 p.987~992)

4 팀 서칭거(Tim Searchinger)와 리처드 웨이트(Richard Waite), 크레이그 핸슨(Craig Hanson), 재닛 랭거너선(Janet Ranganathan)의 《Creating a Sustainable Food Future: A Menu of Solutions to Feed Nearly 10 Billion People by 2050》 (2018년 세계자원연구소 발표)

5 재닛 랭거너선(Janet Ranganathan) 외 《Shifting Diets for a Sustainable Food Future: Creating a Sustainable Food Future》(2016년 세계자원연구소 발표)

6 마코 스프링먼(Marco Springmann) 외 〈Analysis and Valuation of the Health and Climate Change Cobenefits of Dietary Change〉(2019년 〈Proceedings of the National Academy of Sciences〉 113권 15호 p.4146~4151)

7 루카스 알렉산드로비치(Lukasz Aleksandrowicz) 외 〈The Impacts of Dietary Change on Greenhouse Gas Emissions, Land Use, Water Use, and Health: A Systematic Review〉(2016년 〈PLOS ONE〉 1권 11호: e0165797)

8 사라 사에즈-알멘드로스(Sara Sáez-Almendros) 외 〈Environmental Footprints of Mediterranean versus Western Dietary Patterns: Beyond the Health Benefits of the Mediterranean Diet〉(2013년 〈Environmental Health〉 12권 p.118)

9 루카스 알렉산드로비치(Lukasz Aleksandrowicz) 외 〈The Impacts of Dietary Change on Greenhouse Gas Emissions, Land Use, Water Use, and Health: A Systematic Review〉(2016년 〈PLOS ONE〉 1권 11호: e0165797)

10 엘리노르 할스트룀(Elinor Hallström)과 안니카 카를손-칸야마(Annika

Carlsson-Kanyama), 폴 뵈르예손(Pål Börjesson)의 〈Environmental Impact of Dietary Change: A Systematic Review〉(2015년 〈Journal of Cleaner Production〉 91권 p.1~11)

11 엘다 B. 에스게라(Elda B. Esguerra)와 도르미타 R. 델 카르멘(Dormita R. del Carmen), 로사 S. 롤(Rosa S. Rolle)의 〈Purchasing Patterns and Consumer Level Waste of Fruits and Vegetables in Urban and Peri-urban Centers in the Philippines〉(2017년 〈Food and Nutrition Sciences〉 8권 10호 p.961~977)

12 해리엇 V. 쿤린(Harriet V. Kuhnlein) 외 《Indigenous Peoples' Food Systems and Well-Being: Interventions and Policies for Healthy Communities》(2013년 유엔식량농업기구 발표)

13 조제프 H. Y. 갈라니(Joseph H. Y. Galani) 외 〈Storage of Fruits and Vegetables in Refrigerator Increases Their Phenolic Acids but Decreases the Total Phenolics, Anthocyanins and Vitamin C with Subsequent Loss of Their Antioxidant Capacity〉(2017년 〈Antioxidants〉 6권 3호 p.59)

14 M. 하퍼(M. Harper) 외 〈The Challenges of Sustainable Food Systems Where Food Security Meets Sustainability—What Are Countries Doing?〉(2019년 CAB 인터내셔널에서 출간한 바버라 벌링게임(Barbara Burlingame)과 산드로 데르니니(Sandro Dernini) 편집의 《Sustainable Diets: Linking Nutrition and Food Systems》 3장)

15 마이클 폴란(Michael Pollan)의 《마이클 폴란의 행복한 밥상(In Defense of Food: An Eater's Manifesto)》(2008년 Penguin 출간)

저녁 식탁에서 지구를 생각하다

초판 1쇄 인쇄 2021년 12월 10일
초판 1쇄 발행 2021년 12월 20일

지은이 제시카 판조
옮긴이 김희주
발행인 박효상
편집장 김현
기획 · 편집 김설아 하나래 김정연
디자인 이연진 김성엽
마케팅 이태호 이전희
관리 김태옥
종이 월드페이퍼 **인쇄 · 제본** 예림인쇄 · 바인딩
출판등록 제10-1835호
발행처 사람in
주소 04034 서울시 마포구 양화로11길 14-10(서교동) 3F
전화 02) 338-3555(代) **팩스** 02) 338-3545
E-mail saramin@netsgo.com
Website www.saramin.com

ISBN 978-89-6049-926-3 03300